Uwe Bogen wurde 1959 in Stuttgart geboren und ist dort aufgewachsen. Nach dem Abitur und dem Zivildienst studierte er Politik und Germanistik in Tübingen. Seinen Berufswunsch, Journalist zu werden, setzte Uwe Bogen dann in die Tat um und absolvierte ein Volontariat bei der *Pforzheimer Zeitung.* Er wagte dann den Sprung in die Selbständigkeit und eröffnete mit einem Kollegen ein Pressebüro. Heute arbeitet er als Redakteur bei den *Stuttgarter Nachrichten. Ich hätt' dich heut' gern wachgeküßt* ist sein erstes Buch.

Ich hätt' dich heut' gern wachgeküßt. Partner-Sendungen im Fernsehen, Kuppelshows, Flirtschulen, Single-Service-Unternehmen, alle scheinen darauf eine Antwort zu wissen. Die einschlägigen Anzeigenspalten, vor allem in Stadtmagazinen, haben Hochkonjunktur: »Ich hätte dich gern wachgeküßt« oder: »All you need is love« oder: »Romeo sucht Julia«. Und eben: »Traummann sucht Traumfrau« (und umgekehrt).

Hier suchen beide: Boris hatte nach dem Politologie-Studium nicht gerade vor, Politiker zu werden und ist beruflich bei einem Presse-Ausschnittdienst gelandet. In seinem Freizeit-Hangout »Abwärts« ist die Szene mittlerweile abgegrast, da hilft auch der GTI nicht weiter. Im Büro liest Boris sogar gelegentlich die Artikel von Eva, ohne allerdings etwas von ihr zu wissen. Eva, die Journalistin, strebt eigentlich zu *Stern* oder *Spiegel*, ärgert sich aber vorläufig bei ihrem lokalen Käseblatt herum. Außerdem ärgert sie sich über ihre Freundin Bea, die immerhin zwei Männer hat: den auswärts arbeitenden Ehemann fürs Wochenende und unter der Woche ...

Diese amüsant, in lockerem Tonfall erzählte Geschichte trifft mitten ins Herz (!) der neunziger Jahre. Die Swinging Singles haben Probleme: Identität – Anmache – Beziehungen. Alles scheint schwierig, nichts bewegt sich. Auch Boris und Eva sind sich noch nie über den Weg gelaufen ...

Uwe Bogen

Ich hätt' dich heut' gern wachgeküßt

Roman

Fischer Taschenbuch Verlag

Originalausgabe
Veröffentlicht im Fischer Taschenbuch Verlag GmbH,
Frankfurt am Main, Mai 1993

© Fischer Taschenbuch Verlag GmbH, Frankfurt am Main 1993
Umschlaggestaltung: Friederike Simmel
Gesamtherstellung: Clausen & Bosse, Leck
Printed in Germany
ISBN 3-596-11744-5

Gedruckt auf chlor- und säurefreiem Papier

1

Bitte Ruhe! Seid doch mal endlich still. Ute nahte. Feuerroter Kußmund, verführerischer Klimperblick, eine Rose im blondgefärbten Haar, knallenger Ledermini, aus dem kräftige Beine wuchsen. Licht aus, Spot an. Im Scheinwerferlicht, provisorisch von der hochgeklappten Leselampe gespendet, wollte Ute ihr Geschenk überreichen, eines von ihren berühmten. Bei jedem Fest hatte die kecke Blondine ihren Auftritt, den sie, was keinem verborgen blieb, sogar noch mehr genoß als das im Extremfall zu Tränen gerührte Geburtstagskind, dem Ute – ihrem Ruf folgend – stets in Reimform gratulieren mußte.

Ute war eine von jenen jungen Frauen, die eigentlich ja Schauspielerin werden wollten. Doch weil ihr dafür das Glück fehlte (manche meinten, eher das Talent), baute sie ihre Bühne eben selbst – also auf jedem Geburtstagsfest, zwischen Weißbierkästen, vollen Aschenbechern und schon halb besoffenen »Fans«. Tagelang hatte sie ihre Show daheim vor dem Spiegel zur Perfektion getrieben. Lampenfieber kannte Ute nicht mehr, um so heftiger aber ihr Freund Peter, der bei den Auftritten der Freundin jeden noch so kleinen Fehler entdeckte. Beharrlich weigerte sich Peter, auch nur eine Statistenrolle zu übernehmen, nicht mal Kulissenschieber wollte er sein. Peter entschuldigte sich mit seiner Schüchternheit, was Ute, auch wenn sie anderes behauptete (»Muß ich immer alles selber machen?«), nur recht war. So mußte sie nichts vom Beifall abgeben.

Wieder mal zeigte sich: Die Liebe funktioniert, wenn die Rollen klar verteilt sind. Die Selbstdarstellerin mit der großen Klappe brauchte einen Stillen, so daß ihre Überlegenheit nie ernsthaft gefährdet war. Und Peter liebte ein Wunschbild, das er auf Ute projizierte. Was er für seine Schauspielerin empfand, ordnete er – der Einfachheit halber – unter der Kategorie GROSSE LIEBE ein, um nicht weiter drüber nachdenken zu müssen. Nur das komische Gefühl, das ihn manchmal befiel, wenn sich Ute so aufspielen mußte, erinnerte daran, daß irgendwas nicht stimmte. Ruhe! Wie immer gaben sich Utes Freunde vor ihrem Auftritt ahnungslos. Ein altes, auf vielen Festen eingeübtes Ritual. Die fröhliche Runde kicherte weiter, als wisse sie nichts vom bevorstehenden Spätprogramm. Dabei hatte jeder von ihnen Utes Abwesenheit bemerkt (seit gut einer halben Stunde). Alle wußten genau, warum Ute fehlte. Während die Eingeweihten deshalb in noch kürzeren Abständen die Weißbiergläser leerten, um das Unvermeidliche besser überstehen zu können, packte Ute hinter verschlossener Tür ihr berühmtes Schminkköfferchen aus, das zu ihr gehörte wie dieser Klimperblick.

Es war also wie immer.

Erst trug sie im Badezimmer dick auf (mit Schminke), dann vor der gesamten Festgesellschaft (mit übertriebener Gestik).

Diesmal aber hatte Ute einen guten Tag. Ihr Lied – es ging um Männer, um richtige Männer – traf voll ins Schwarze. Voll in die wunde Seele von Eva, der Gastgeberin, die – wie jeder wußte – seit etwa einem halben Jahr, seit der endgültigen Trennung von Andy, einen Mann, endlich einen richtigen Mann suchte. Was heißt hier, richtiger Mann – gibt's denn auch falsche? Grundsätzlich ist natürlich jeder Mann ein Mann. Doch viele sind falsch. Falsch und fies, grausam und gemein. Eva kannte sich aus. Eva kannte Andy.

O Mann!

Vor einem halben Jahr wollte Eva eigentlich alle Männer auf den Mond schießen. Aber einer, sie hatte inzwischen Mitleid, durfte bleiben. Halt der Richtige, der Liebe nicht nur buchstabieren, sondern auch leben kann. Einer, der sie schwerelos streichelt und sie von Kopf bis Fuß mit Zärtlichkeit benetzt. Einer, dessen Küsse extrascharf schmecken und dessen warme Haut kuschelweicher als Samt ist. Einer, der ihre Sorgen errät und an dessen Schultern der Alltagsärger abprallt. Einer, an den sie den ganzen Tag denken und von dem sie die ganze Nacht träumen kann. Einer, der ihr in guten wie in schlechten Zeiten beisteht, weshalb er grad mal dringend gebraucht wird, denn die Zeiten sind im Moment eher schlecht.

Eigentlich wollte die Gastgeberin, seit diesem Tag siebenundzwanzig, rechtzeitig den Solo-Trip abbrechen, um dann beim Geburtstagsfest ihre neue Errungenschaft stolz wie ein teures Kleid präsentieren zu können. Natürlich hatte es wieder nicht geklappt (wie auch schon bei ihrem sechsundzwanzigsten, nach der ersten Trennung von Andy).

Die verzweifelten Versuche, die sie mit einer bemerkenswerten Selbstironie trug, machten Eva bei ihren Freundinnen noch sympathischer. Warum sollte es ihr bessergehen als uns? – dachten die anderen, die es noch schwerer hatten, weil sie schon über dreißig waren. Sie gehörten einer Generation an, die dieses Problem, aus Altersgründen, bestens kannte.

Trau keinem über dreißig.

Mit diesem Spruch hatten die alten Achtundsechziger alles vorausgesehen, wirklich alles.

Trau keiner Liebe über dreißig.

So lange hält die Liebe eh nicht. Entweder sind die Leute in diesem schwierigen Alter bereits geschieden, was sehr teuer kommt, worüber sich wenigstens der Rechtsanwalt freut, weil er auch selbst seinen besten Freunden die »normalen Sätze nach der Gebührenordnung« berechnen muß, um nur keinen Streit mit der Rechtsanwaltskammer zu provozieren. (Selbst die Hochwohlgeborenen im Buckingham-Palast trennen sich am laufenden Band, was das Volk ungemein beruhigend findet, wenn's auch der Familie König nicht bessergeht.)

Oder aber die Leute können schon in jungen Jahren mit Geld umgehen und haben sich dieselbe Geistesschärfe zunutze gemacht und sich rechtzeitig der Verlockung widersetzt, gleich die erstbeste Liebe vor den Traualtar zu zerren.

Auch die Sparsamen sind mal wieder solo. Also, auf ein

neues! Wieder mal kann die spannende Suche beginnen. Eine atemlose Hatz nach Herrn Richtig und Frau Richtig. Auf die ganze Stadt wird die Fahndung ausgedehnt. Fieberhaft ermitteln die Kommissare mit den einsamen Herzen. Eva hatte sich schon überlegt, ob sie nicht ein Phantombild in der Zeitung, bei der sie arbeitete, veröffentlichen sollte. Der Gesuchte ist groß, schlank, hübsch und verdammt süß. Solche gibt's tatsächlich, *no problem*. Und schon hat man einen geschnappt, der dieser vagen Beschreibung entspricht. Jetzt aber zulangen! Die Handschellen klicken, der Kerl wird in U-Haft genommen. Er steht unter dem dringenden Verdacht, ein Traummann zu sein. Doch im Verhör, das oft tage- und nächtelang dauert, stellt sich heraus: Wieder nichts! Man muß ihn laufenlassen. Der Festgenommene sieht nur so aus, damit hat sich's, denn sonst hat er gar nichts von einem Traummann, der mehr bieten muß als schöne Augen. Die Fahndung geht weiter. Achtung, Achtung, hier spricht die Polizei!

Während Kommissarin Eva bei ihren Ermittlungen auf der Stelle trat, träumte sie schon mal vom großen Glück. In schwachen Momenten ertappte sie sich dabei, wie sie sich heimlich ausmalte, an einem schönen Sommersonntag im blühenden Sonnengarten am Mittagstisch mit kleinen Schreihälsen zu sitzen. Und dann schenkt sie dem besten Ehemann der Welt ein liebevolles Lächeln, das auch ohne Worte sagt: Schatz, wie geht's uns doch gut!

Eva, eine rothaarige Frau mit schmalen Schultern, der man ansehen konnte, wie sie sich fühlte (wenn es ihr gutging, sah sie so feurig aus wie ihre Haare, meist aber verbittert und zornrot im Gesicht), dachte früher einmal, Andy habe das Zeug zu diesem »besten Ehemann der Welt«. Und dann reichte es ihm grad mal zum besten Lügner. Daß er bei der Stadt arbeitete, vereidigter Klein-Klein-Beamter im Wohnungsamt, hinderte ihn nicht daran, so hemmungslos zu lügen. Erst hatte Eva gedacht, mit ihm das große Los gezogen zu haben, doch es war die Niete, die absolute

Niete. Diese Freundschaft war nur noch die Abfolge von sich steigernden Wutausbrüchen. Evas Herz hatte sich verirrt und steckte mitten drin im Dickicht der Depressionen, wo's nur Tränen regnete. Nie zuvor hatte Eva einen Menschen so geliebt und nie zuvor einen so gehaßt. Wegen Betrugs in einem besonders schlimmen Fall hätte man ihn einsperren müssen. Lebenslänglich, damit er nie wieder ein Frauenherz foltern könnte.

Wenn sie bei der ersten Umarmung geahnt hätte, was da auf sie zukommen sollte, wären ihre Hände unauffällig von den Schultern weiter hochgerutscht. Direkt an die Gurgel. Und zugedrückt!

In ihrer Enttäuschung legte sich Eva eine Theorie zurecht, die sie darüber hinwegtrösten sollte, nicht all das zu bekommen, was ihr zustand. Andy, so bildete sich Eva ein, war nur deshalb mit ihr zusammen, weil er seine wahre Traumfrau noch nicht kannte. Um die Wartezeit zu verkürzen, hielt sich Andy eben Eva, der er nur deshalb gelegentlich zärtliche Gesten schenkte, um schon mal für später zu üben. Andy stritt zwar alles ab, doch so war es, so mußte es sein. Eva hatte keinen Zweifel.

Mit der Zeit versteifte sich Eva so sehr auf diese Theorie, daß sie Andys plötzlich ernstgemeinten Liebesbeweise nicht als solche erkannte. Der liebt mich ja doch nicht, redete sich Eva ein. Vor ihrer krankhaften Skepsis flüchtete sich Andy zunehmend in schnelle Affären. Der Typ, der nur Telefonbücher las, hielt sich ausgerechnet an ein Dichterwort, an eines von Gottfried Benn, der allen Seitenspringern den Leitspruch ihres Lebens lieferte: »Gute Regie ist besser als Treue.« Andys Regie war aber so schlecht, daß Eva was ahnen mußte, auch wenn Andy natürlich nichts erzählte. Die Abschiedsworte, mit denen sie Andy für immer fortgeschickt hatte, wird Eva nie vergessen. »Das Leben ist grausam, doch am grausamsten bist du.« Das Leben mit Männern schien die Hölle, und das Leben ohne Männer auch.

Eva brauchte sich ja nur ihre beste Freundin anzuschauen. Monika, die für eine neue Stelle mit ihrem Freund Bernd weit weggezogen war, fehlte beim Geburtstagsfest natürlich nicht. Angereist für ein Wochenende. Schon seit drei Jahren lebte Monika mit Bernd zusammen und hatte in dieser Zeit mindestens fünfzigmal Schluß mit ihm gemacht. Sie teilte das Schicksal vieler Frauen, die irgendwann aufgeben, ihre Männer zu verstehen. Dieses Rätsel war nicht zu lösen, nur soviel stand fest: Nicht mit ihm und nicht ohne ihn.

Zum Geburtstagsfest war Monika ohne ihren Bernd gekommen. »Wir werden uns trennen«, erzählte Monika, zum wievieltenmal eigentlich? Eva wußte, daß die beiden bald schon wieder Versöhnung feiern würden, um wenig später neue Trennungsgespräche zu führen. Warum nervt mich Monika unentwegt mit diesem Hin und Her? Ich hab' doch schon selbst genug Probleme!

Andy hatte in ihrer Seele ein Trümmerfeld zurückgelassen. Doch ihr fehlte die nötige Kraft, den ganzen Schutt beiseite zu räumen. Das meiste blieb liegen. Eva, eine Trümmerfrau, die aus der Ruine ihrer Vergangenheit noch lange nichts Neues aufbauen kann, erst müssen die alten Trümmer weg.

Meist nahm Eva nur die Moll-Töne des Lebens wahr, und ihre Ohren wurden taub für den Freudengesang, der aus kleinen, unscheinbaren Begegnungen erklingt. So ein Herzschmerz strahlt weit aus, bis hoch zum Stammhirn. Wer nicht aufpaßt, kann nicht mehr klar denken. Der Verstand ertrinkt im Strudel der großen Gefühle. Schon wird die Welt nur noch in Ausschnitten wahrgenommen. Was sind schon hundert Tote in irgendeinem Bürgerkrieg, wenn ich mich so einsam fühle?

Weine nicht, kleine Eva!

Der Schmalzsong der Flippers, o Gott ja, paßt gut an dieser Stelle. Kitsch ist ein Vertrauter der Liebe. Wer so richtig liebt, packt seine Gefühle in kitschiges Glanzpapier. Das

Säuseln eines Liebenden überbietet locker den Kitsch, den jeder Souvenirladen vor dem Pariser Eiffelturm bereithält.

Ute, die Gute, hatte dieses Lied für ihren Vortrag ausgewählt, wenn auch mit einem neuen, eigens für dieses Ereignis geschriebenen Originaltext.

»Weine nicht, kleine Eva. Der richtige Mann, der kann dir schon mo-ho-ho-horgen begegnen.«

Applaus, Applaus! Die Akteurin mit der Rose im Haar genoß das vergnügte Johlen der weißbierseligen Geburtstagsrunde nur für einen kurzen Moment, um die Stimmung weiter aufzuheizen. Abrupt beendete sie die gelungene Flippers-Parodie, um in einem wilden Freudentanz der puren Lust zu explodieren.

»So ein Mann zieht mich unwahrscheinlich an…«

Ute krönte ihre Hymne auf den Spaß am Sex mit der Antwort auf die Frage aller Fragen. Wie nur muß der Traummann sein?

»Süß, mit viel Kies. Nicht fett – und immer neu im Bett.«

Vergnügt klopfte sich der langhaarige und vollbärtige Toni, ein Relikt aus vergangenen Atomkraft-nein-danke-Tagen, auf die Schenkel. Auch wenn er so aussah, als sei die Zeit in den Siebzigern stehengeblieben, war er natürlich kein Ewiggestriger. Toni war nur ein ewiger Student – und ein ewiger Single. Oberhalb seines Batikhemds gab's praktisch nur Haare, und genau aus diesem Dschungel kam nun eine freche Frage in Richtung der mütterlich wohlproportionierten Martina. Die dickliche Dreißigjährige mit dem Durchschnittsgesicht hätte man unter Naturschutz stellen müssen. Ein vom Aussterben bedrohtes Exemplar seltenen Eheglücks, das in den Kreisen wirklich selten vorkam, in denen sich Eva bewegte. Martina war eine ihrer wenigen Freundinnen, die nun schon seit sechs Jahren unbeirrbar behauptete, »glücklich« verheiratet zu sein.

»Martina«, wieherte Toni wie ein Schuljunge, »ist dein Micha immer neu im Bett?«

Martina blickte erst betreten, dann fragend zu ihrem Gatten rüber, der auch so ein Durchschnittsgesicht hatte. Von dieser Seite kam mal wieder nichts. Martina holte deshalb allein zum Konter aus. Frech wieherte sie zurück: »Der Micha ist wenigstens nicht allein im Bett, so wie immer du, Toni!«

Auch Eva war allein. Ein Schicksal, das sie mit der halben Stadt teilte, die unaufhaltsam von Singles erobert wird.

Es wimmelt von Einpersonenhaushalten, die in der Statistik bereits Platz eins errungen haben. Ständig kommen neue Singles hinzu, direkt vom Scheidungsrichter.

Die Sicherheit, in der sich Ehepaare wähnten, hat sich als trügerisch erwiesen. Die mit dem Ring haben ihre Ehe mit einer Täuschung begonnen. Wer denkt, er werde immerzu geliebt, täuscht sich. Man muß dafür auch gefälligst was tun! Deshalb sind Singles die besseren Liebhaber, weil sie ihre Liebe jeden Tag aufs neue beweisen müssen. Aber auch diese Anstrengung ist irgendwann mal vergebens. Denn der Single-Swing ist der Sommerhit. Tanz den Single-Swing!

Natürlich gibt es Singles, die das völlige Alleinsein mal für einige Zeit ausprobieren wollen, um sich selbst zu entdekken. Nicht alle suchen einen Partner. Viel zu viele gefallen sich aber in der Rolle des Großstadt-Cowboys, der mit dem Lasso loszieht, um eine Frau nach der anderen einzufangen. Kaum haben sie ein Opfer erbeutet, ist es schon wieder uninteressant.

Heute hier, morgen dort. Für jede Lebensphase muß es ein anderer Partner sein. Und wenn in einer Beziehung die ersten Gewitterwolken aufziehen, buchen sie gleich den nächstbesten Flug in die nächstbeste Sonne. Die Genußsucht ist weitverbreitet. Keiner will sich ernsthaft mit Streitereien rumplagen. Es ist gerade so, als habe keiner die Lizenz zur ewigen Treue.

Selbst die Wissenschaft ist auf der Seite der Single-Swinger. Professor Ernest Bornemann wies nämlich nach, daß nur fünf Prozent aller bekannten Kulturen die Monogamie kennt.

Auch wenn sich die Singles große Mühe geben, immer so fröhlich in die Welt zu blicken, daß alle an die Ehe festgeketteten Paare neidisch werden müssen, denken sie doch heimlich an den *one and only* Supermann, an die *one and only* Superfrau.

Aber nur wenn es dunkel wird, verlassen Traummänner ihre Verstecke. Heimlich, still und leise. Wie die Heinzelmännchen aus dem Märchen, die plötzlich dastehen und die pure Freude sind. Diese scheuen Gestalten meiden das Tageslicht. Sie kommen nur im Traum, leider nur…

Eva hatte zu ihrem Fest jede Menge Leidensgenossinnen eingeladen, die sich fast jede Nacht mit irgendwelchen Traummännern trafen, aber dummerweise immer dabei schliefen. Mehrfach enttäuschte Single-Frauen – ein gefundenes Fressen für den modisch überdrehten Georg, der sich für den größten und schönsten Aufreißer zwischen Himmel und Hölle hielt. Er fühlte sich als legitimer Nachfolger von James Dean, obwohl er nur der tausendste Abklatsch davon war. Sein Haarschnitt paßte ja noch einigermaßen, nur das Gesicht halt nicht, und erst recht fehlte ihm der dazugehörige Knackarsch. James Dean war nun mal in Mode, und Georg ließ keine Mode aus. Dieser gnadenlose Ego-Darsteller behauptete, alle Frauen zu lieben, obwohl er nur sich selbst liebte. Die übertriebene Selbstliebe verdüsterte seinen Blick für die Realitäten ein wenig. Das Zeitalter der groben Machos war schon wieder vorbei, was Georg aber nicht mitbekommen hatte. So ein aufgeplusterter Gockel eignet sich zumindest als Partygag. Wenn der Alkoholpegel stimmt, machen Single-Frauen diesen Spaß schon mal mit. Tut ja gut, wenn frau spürt, daß es noch Männer gibt, die von einem was wollen. Solche Männer lassen sich wunderbar verarschen, und, was das beste daran ist, sie merken's nicht mal.

Nur für Monika wollte Georg gerade ein Referat über sein Lieblingsthema beginnen: Warum das starke Geschlecht dem schwachen so hoffnungslos überlegen ist.

»Frauen sind nur das, was Männer aus ihnen machen!«
Monika überlegte nicht lange.

»Wären alle Männer so wie du, würden sich Frauen aus Männern gar nichts mehr machen!«

Georg wußte, diese freche Frau ist ein harter Brocken. Da hilft nur eins: Der Tequila-Trick!

»Monika, du bist so schön, eine Göttin des Glücks«, schleimte Georg, »du hast einen Tequila-Kuß verdient!«

»????«

Monika war gespannt, was nun schon wieder kommt.

»Der Tequila-Kuß ist absolut geil. Du legst deinen Kopf quer, damit ich dir etwas Tequila ins Ohr schütten kann. Dann bestäube ich den Rand deines Ohrs ganz zärtlich mit Zucker. Wenn du nun schnell deinen Kopf aufrichtest, trinke ich den Tequila und lecke den Zuckerrand ab. Das ist total erregend – für beide!«

Noch bevor Monika etwas dazu sagen konnte, rief Georg: »Du Eva, hast du Tequila da?«

Weil Eva aber gar nicht in ihrem Zimmer war – sie hatte bereits die Küchenrunde eröffnet, denn Feste verlagern sich, wie jeder weiß, früher oder später immer in die Küche –, suchte Georg nun selbst nach der Bar, die er in dem Marmorschränkchen vermutete. Ein edles Designerstück in der Form eines Dreiecks, zentimetergenau in der Mitte der Zimmerwand plaziert. Oben auf dem Dreieck, das nicht völlig spitz verlief, hatte gerade noch ein langstieliger Kerzenständer Platz. Der Docht der schwarzen Pyramidenkerze leuchtete jungfräulich weiß, weil diese Kerze halt ein Ausstellungsstück war und niemals angezündet wurde. Zusammen mit der Kerze hatte dieses Marmordreieck was von einem Altar. Darüber hing das berühmte Schwarzweißfoto des französischen Starfotografen Robert Doisneu. *Le Baiser*, der Pariser Kuß von 1950. Eva wollte das Poster eigentlich längst entfernen, weil es schon keine Fußgängerzone mehr gab, wo man es nicht kaufen konnte. Vor Jahren, sagte Eva immer stolz, habe sie diesen französischen Kuß als erste entdeckt, noch bevor er inflationär die Yuppie-Wohnstuben abknutschte.

Georg kämpfte gerade mit dem futuristischen Dreieck, weil er nicht die richtige Stelle zum Öffnen fand. »Verdammte Designer«, fluchte Georg, »warum können die nicht auch mal praktisch sein?«

Monika nutzte Georgs hilflose Öffnungsversuche zur Flucht. Die Zimmer nebenan waren verschlossen. Evas WG-Mitbewohnerinnen hatten sich bereits zurückgezogen, obwohl sie bei dem Krach unmöglich schlafen konnten. Aber es waren Mitbewohnerinnen, nicht etwa Freundinnen. WG, das hieß in diesem Fall »Wut groß«.

Monika ging also in die Küche, wo die Partys ja immer am schönsten sind. Die Küchenrunde beschäftigte sich gerade mit dem Thema aller Themen. Beziehungen. Wer hat wieder wen verlassen? Ach, auch die Birgit hat's erwischt! Wo wir doch alle dachten, die sei so unverschämt glücklich mit ihrem Bernhard!

»Aha«, machte Monika wissend, »der Trend zur Trennung hält an.«

Zumindest dieser Trend ist beständig, wenn's schon die Beziehungen nicht sind.

2

ICH HÄTT' DICH HEUT GERN WACHGEKÜSST. VIELLEICHT MORGEN?

Leise lächelte Boris in sich hinein. Volltreffer! Mit diesen Worten wird er die Frauen treffen. Peng. Mitten rein in ihre empfindliche Stelle. Frauen hören so was gern. Sie lieben es, den Tag sanft zu beginnen. Noch schmeichelt im Schlaf der Traummann, dann küßt dich ein echter wach. Boris hätte auch was anderes schreiben können. Ich würde heute gern mit dir schlafen. Vielleicht morgen? Typisch Mann, heißt's dann, wollen nur das Eine. Aber wachküssen – das ist Poesie. Natürlich wollte auch Boris das Eine, er ist ja ein Mann, aber einer, der weiß, was Frauen wollen. Boris war mit sich zufrieden, während er im spärlich ausgestatteten Wohnzimmer saß (Ledersofa, Pflanzengestrüpp, Fernseher, CD-Anlage, hellroter Teppichboden und Schwarzweißfotos). Boris haßte Schrankwände und all den Firlefanz, der bei anderen Leuten überall nur dumm rumstand, um Staub aufzufangen. Natürlich bekam auch Boris hin und wieder diese überflüssigen Porzellanfiguren geschenkt, mit denen er dann seinen gefräßigen Mülleimer fütterte. Boris mußte gar keine Schöner-Wohnen-Hefte lesen, er wußte auch so, daß Lifestyle die Askese liebt, schon das Nötigste war ihm zuviel. Askese ist Selbstüberwindung, eine Bußübung, um Begierden abzutöten und Laster zu überwinden. So stand's ja auch im Lexikon. Wenn er schon sonst kein Asket war, auf Frauen und auf mexikanisches Bier wollte er niemals verzichten, so mußte ihm wenigstens der Ausgleich dafür im Wohnzimmer gelingen. Wenn er auf seinem Ledersofa saß, sollte kein Schnickschnack seine Phantasie stören, redete er sich zumindest ein. Dabei war Boris alles andere als ein Phantast, das ging ja auch gar nicht, wenn die Hand mit der Fernbedienung des Fernsehapparats verwachsen ist.

ICH HÄTT' DICH HEUT GERN WACHGEKÜSST. VIELLEICHT MORGEN?

Unentwegt mußte Boris die beiden Sätze lesen, die ihm so gut gefielen, sie stammten ja von ihm. Damit wollte er nach dem großen Glück fahnden (auch Boris war ein Kommissar), möglichst nach einer rothaarigen Frau. Rot war seine Lieblingsfarbe.

Eine Anzeige unter »Lonely Hearts« im Stadtmagazin, warum nicht? Die Seiten sind jeden Monat voll damit. Heutzutage lernt man sich eben so kennen. Die Stadt besteht aus Chiffre-Nummern, die sehnsüchtig auf prall gefüllte Umschläge von Stadtmagazinen warten. Boris wußte natürlich, daß er es gar nicht nötig hatte. Er doch nicht!

Wenn er nur wollte, hätte er seine Liebe auch an einem Freitagabend in der Baghwan-Disko treffen können. Sein Kapital, so bildete er sich ein, war sein Lachen, das er im entscheidenden Moment gezielt einsetzte. Wenn Boris lachte, sah er aus wie ein kleiner Junge. Der sonst so stechende Blick wich spitzbübischer Freude, die aus lustig zusammengekniffenen Augen blitzte. Halt einfach süß. Wenn er gut drauf war, fühlte er sich wie das letzte Glas Wasser in der Wüste – unwiderstehlich. Boris war kein Anmach-Amateur und zeigte nie, daß er es nötig hatte. Gewinner sind am Charme der Gleichgültigkeit zu erkennen.

Boris sah sich gern selbst in die Augen, oft viel zu lang vor dem Spiegel. Was man sonst nur Frauen nachsagt, traf auf Boris verschärft zu. Der Kerl war schrecklich eitel. Deshalb kam Boris stets verspätet zu Verabredungen. Seine Gier nach Gel trieb in x-mal ins leuchtend rot lackierte Badezimmer, wo er die Borsten seiner Igelfrisur beinahe einzeln kontrollierte.

Diese Borsten waren kurz wie Streichhölzer, nach seinen häufigen Besuchen beim Friseur sogar noch kürzer, den er jedesmal mit strengem Sträflingsschnitt verließ. Was drinnen im Kopf war, hatte ihn zum Wehrdienstverweigerer werden lassen. Allein das Äußere eignete sich fürs Strammstehen bei der Bundeswehr. Sonst sprach alles dagegen.

Seine wilde Zeit als Anti-R-Straßenkämpfer (gegen Rechts, Raketen und Rassismus) lag schon lange zurück. Früher ging er zu Demos wie andere zum Joggen. Jetzt war der Kerl überhaupt nicht mehr wild, aber wie die Atomkraftwerke, gegen die er früher immer auf die Straße gegangen war, ihr Restrisiko in sich bargen, hatte Boris ein kleines bißchen Restprotest aufbewahrt. Für die Revolution blieb aber im Moment keine Zeit mehr. Boris war schließlich mit anderen Dingen beschäftigt. Mit dem Aufspüren der Traumfrau zum Beispiel, das war ein abendfüllendes Programm und so erfolgsversprechend wie früher die Demos gegens AKW.

Mein Name ist Boris, doch ich bin kein Becker. Der An-machspruch, den unser Gel-Bube drauf hatte, war voll da-neben, nur wußte er es leider nicht – wie auch so manche Frauen, die Boris mit diesem albernen Spruch erst zum Lachen und dann zum Lieben brachte. Na ja, die richtige Liebe war's eigentlich nie, nur der sportliche Teil davon. *One-Night-Stands* eben, die Boris eifrig sammelte. Erich Kästner hatte schon recht: »Die Liebe ist ein Zeitvertreib, man nimmt dazu den Unterleib.« Mit diesen Leibesübun-gen ließ sich ganz gut der Schmerz betäuben, der von der Sehnsucht nach dem wirklich großen Gefühl kam. Sex, was ist schon Sex? Schnell vergessen, nichts bleibt zu-rück. Nur die wahre Liebe hat Bestand. Sie bringt den ganzen Körper in Wallung und macht auch die Seele zur erogenen Zone.

Boris führte ein typisches Großstadt-Single-Leben, ge-hörte also einer Risikogruppe an, wie man das im Zeitalter von Aids nannte. Schon forderten die ersten Politiker den Zwangstest für alle Großstadt-Singles. Dabei waren die meisten ziemlich vorsichtig. Allzeit bereit – und der Präser nie weit, der in der Brieftasche einen festen Platz hatte wie die Kreditkarte. Wenn's dann soweit war, überbrückte Bo-ris die Pause schon wieder mit einem Spruch: »Geduld noch, süße Maus – erst hol ich den Überzieher raus!«

Boris hielt es mit seinem berühmten Namensvetter, der Sex mit seinen Tennisturnieren vergleicht: Manchmal gibt man wenig, manchmal mehr, manchmal noch mehr. Meist war's beim unbekannten Boris eher weniger. Wenn der hochgewachsene Hüne, ein XXL-Mann, dessen Figur an einen Billardstab erinnerte, eine Lady abschleppte, die ihm nicht mal übermäßig gefiel, war sein One-Night-Stän-der nicht der einzige Grund dafür. Diese Abenteuer soll-ten vielmehr unseren Freund, der sich so gern als Frauenheld sah, in seinem Selbstbewußtsein stärken. Ich, der tolle Boris, habe gute Chancen bei Frauen. Nur die richtige, die kommt halt noch. Vielleicht morgen?

Boris mußte die beiden Sätze immer wieder lesen. So
sehr er in sich selbst verliebt war, so liebte er nun auch die
Sätze, die er im stundenlangen Denksport eingefangen
hatte. Wir müssen zugeben: Der Anzeigentext ließ keine
Verwandtschaft mit dem Erfinder der albernen Boris-Bek-
ker-Anmache erkennen. Seine knappe Anzeige sollte ge-
heimnisumwittert bleiben und somit neugierig machen.
Keine Anzeige im Jammerton (»Nach großer Enttäuschung
suche ich…«), auch keine mit abgegriffenen Floskeln
(»Topf sucht Deckel…«). Mit wenigen Worten wollte Boris
raffiniert aus dem Heer der langweiligen Lonely-Hearts-
Texter ausbrechen, um sich dann unter der Flut der
Frauenbriefe wie unter einer wohligwarmen Dusche räkeln
zu können. Und nur die Schönsten der Schönen konnten
auf den zärtlichen Morgenkuß von ihm hoffen, nach dem
sich eine ganze Armee von einsamen Herzen sehnte.

ICH HÄTT' DICH HEUT GERN WACHGEKÜSST. VIELLEICHT
MORGEN?

Morgen, morgen. Boris hatte schon eine gewisse Übung
darin, sein Glück auf morgen zu verschieben. Jetzt war er
bald schon achtundzwanzig, doch der besagte Morgen ließ
noch immer auf sich warten.

Nur früher war sein Liebesleben unbeschwerter. Zu Be-
ginn seiner Laufbahn als Frauenheld fiel ihm alles viel
leichter. Mit neunzehn oder zwanzig war jeder Kuß eine
Offenbarung, jede Umarmung eine Reise ins Paradies. Boris dachte oft an Gaby, an seine erste Frau.

*Wir liegen im Zelt, nicht weit vom Mittelmeer. Unser er-
ster gemeinsamer Urlaub. Nizza. Es regnet fürchterlich,
irgendwann gibt der dünne Zeltstoff auf und läßt die
Wassertropfen passieren. Gaby und ich verkriechen uns
im Bundeswehrschlafsack. Eigentlich haben wir ja zwei
Schlafsäcke dabei, doch wir brauchen nur einen, weil wir*

nur schlafen können, wenn sich unsere Körper berühren.
Der Regen prasselt hart aufs Zelt, es donnert und blitzt,
aber wir sind ganz woanders. Dieses Unwetter erreicht
uns nicht. Wir streicheln uns heftiger als je zuvor, sind am
ganzen Körper feucht, es ist nicht allein der Regen. Uns
kann gar nichts passieren, wenn wir so dicht beieinander
liegen. Soll doch die Welt untergehen, wir lassen uns
nicht mehr los und lieben uns im Rausch. Wir sind nur
noch ein einziger Leib, der keinen Kopf zum Denken
braucht, nur Haut zum Fühlen und Münder zum
Schreien. Wörtlich übersetzt heißen die Lustschreie: Das
Leben ist wunderwunderschön.

Wie wunderschön ist doch die erste Liebe! So heftige Gefühle spürte Boris nie wieder. Je älter er wurde, desto kom-
plizierter wurde er. Wer lange alleine lebt, bildet Eigenhei-
ten heraus, die eine Beziehung nicht gerade fördern. Jetzt
reichte es nur selten zu einem kleinen Stück vom großen
Glück. Wenn er es ab und zu schaffte, davon zu kosten,
verschluckte er sich dabei stets vor Aufregung, so daß er vor
lauter Husten und Nach-Luft-Schnappen seiner Auserwählten einen Schrecken ein- und sie damit davonjagte.

In solchen Fällen tröstete sich Boris mit dem Hinweis,
Liebe sei nur sentimentaler Schwachsinn. Etwas für den
Kitschroman, aber nichts für das richtige Leben. Warum
soll ich mein ganzes Leben als Zweierpack rumspringen?
Solisten sind besser dran, dachte Boris, weil sie keine
Rücksicht nehmen müssen. Sie können machen, was sie
wollen, ohne um Erlaubnis zu fragen. Singles sind schon
erwachsen, Liebespaare noch Kinder. Boris wollte kein
Kind mehr sein, oder? Wenn er das nur so genau gewußt
hätte...

Vielleicht war sein Beziehungschaos auch nur ein stiller
Protest gegen das Älterwerden. Tief in seinem Inneren wei-
gerte sich wohl etwas, Ordnung in sein Leben zu bringen.
Ordnung war doch nur ein anderes Wort für Langeweile.

Doch auch die Vernunft buddelte sich immer wieder durch die Angst vor der Enge einer Zweierkiste. Du brauchst vielleicht doch eine Person, die immer für dich da ist und dich stützt, wenn du mal wieder durchhängst! Und deshalb schrieb er diese Anzeige. Da war halt doch ein bißchen Sehnsucht nach Geborgenheit. Mal war diese Sehnsucht stärker, mal schwächer. Manchmal dachte Boris, er kennt sich selbst noch gar nicht. Noch wußte er nicht so recht, was er vom Leben wollte. Seine Gefühle bekam er nur schwer in den Griff. Das größte Rätsel seines Lebens war er selbst. Wenn er, was zum Glück nur selten vorkam, den Sinn seiner Existenz suchte, sich in komplizierten Gedankengängen verlief, brach er aber plötzlich ab und begnügte sich mit der Erkenntnis, der wahre Sinn sei im Grunde banal: Einfach nur da sein und seinen Spaß haben. Das war alles, weiter nichts.

Die Vögel, die draußen vergnügt zwitscherten, vermasselten sich ja auch nicht ihre Freude am Zwitschern, indem sie grübelten und nachdachten. Doch Boris mußte immer wieder grübeln und nachdenken. Warum nur schaffe ich es nicht, dauerhafte Beziehungen durchzustehen? Dieser Gedanke war ein Bumerang, er flog immer wieder in seinen Kopf zurück. Wenn dieser Bumerang besonders schnell wieder zurückkam, schlug das manchmal auf den Magen. Boris spürte seltsame Beklemmungen, wirkte nervös und wußte auch nicht so recht, wie er diese innere Unruhe ausschalten konnte. Obwohl sich Boris ja mächtig Mühe gab, nur die positiven Seiten eines Singles zu sehen, wurmte ihn doch sehr, daß seine Beziehungskisten nicht mal dem allerersten Sturm standhielten. Was vertrieb nur die Frauen, die doch für ihn schwärmten, wie er sich immer einredete, was also vertrieb sie nach nicht mal neuneinhalb Wochen der Ekstase?

Oft wollte aber auch er die Frauen schnell wieder loswerden. Es reichte, wenn eine begann, seine Pflanzen umzustellen, wenn sie ihm vorschrieb, die unförmige Schlabberstoffhose statt seiner geliebten 501 anzuziehen. Oder wenn sie ihn für einen faulen Pascha hielt, nur weil er einmal die Woche eine Putzfrau, eine junge, hübsche Asylantin, beschäftigte. Wenn Boris was haßte, dann diese ewige Bevormundung. So einen Mutter-Ersatz wollte er nicht wachküssen. Tschüß, ade. Schon seine Mutter hatte ihn an die Kette gelegt und alle Entscheidungen an sich gerissen. Viel zu lang sah sie in ihm nur den kleinen Jungen, der dieser Welt nicht gewachsen war. Als Kind ließ Boris noch alles mit sich machen, war er doch froh, wenn seine Mutter überhaupt Zeit für ihn hatte. Nach der Scheidung seiner Eltern war von der Mutter nicht mehr viel zu sehen. Sie mußte nämlich nachholen, was sie jahrelang versäumt hatte. Die attraktive Frau stürzte sich mit einer unbändigen Lust ins Leben, als bestünde erst jetzt die Möglichkeit, es zu entdekken. Sie hetzte von einer Party zur nächsten, tanzte die Diskotheken, in denen sich auch Frauen über vierzig zeigen konnten, in Grund und Boden. Da war kein Platz für den kleinen Boris. Welcher Mann, den sie in ihre Wohnung entführte, wollte schon am nächsten Morgen am Frühstückstisch mit einem kleinen Rabauken sitzen, der von Lagerbauten erzählte und darum bettelte, am Abend im Fernsehen den »Tatort« sehen zu dürfen. In der Schule spreche doch die ganze Klasse über die Morde im Fernsehen, nur er müsse immer so früh ins Bett. Boris durfte sich den »Tatort« dann bei der Oma anschauen, zu der er übers Wochenende mußte, damit die Mutter eine »sturmfreie Bude« hatte, wie sie selbst sagte.

Als die Mutter endlich einen Mann gefunden hatte, der mal länger blieb als nur ein paar Nächte, dachte Boris schon, jetzt werde alles anders. Doch es wurde noch viel schlimmer. Der neue Freund, Arnold, wohnte weit weg und wollte dort auch bleiben. Boris bekam keinen neuen Vater, sondern Konkurrenz, der er nicht gewachsen war. Fast jedes Wochenende fuhr die Mutter zu ihm, und Boris mußte zur Oma, immer zur Oma. Arnold besaß eine Katze, von der die Mutter ständig sprach. Die sei ja so putzig, die Katze, so ein süßes Ding. Jedes Wochenende besuchte die Mutter Arnold und die Katze. Boris haßte Katzen und langweilte sich bei der Oma. Er war schrecklich eifersüchtig, obwohl die Mutter ihn ja nie vergaß. Mehrmals am Wochenende rief sie an, um einerseits die neuesten Erlebnisse mit der Katze mitzuteilen und andererseits Anweisungen zu geben. Für die Erziehung ihres Sohnes wuchs Arnolds Telefonrechnung enorm. Die Befehle erreichten Boris übers Telefon, und sie klangen noch viel härter, weil er seine Mutter dabei nicht sehen konnte.

Man muß kein Psychologe sein, um zu wissen, warum Boris eine gewisse Eigenschaft bei Frauen halt haßte. Also aufgepaßt, wenn die vielen Zuschriften vom Stadtmagazin kommen. Keiner ist so wählerisch wie ich, wußte Boris. 99 Prozent aller Frauen nerven nur. Aber irgendwie mußte er ja mal an das letzte Prozent rankommen. Warum nicht mit einer Anzeige? Mehr als schiefgehen kann es ja nicht, sagte sich Boris. Man darf nicht alles so tierisch ernst nehmen. Das Leben macht ja doch, was es will. Du hast keinen Einfluß drauf. Wie beim Wetter, das dich ständig verarscht. Wenn du im Sommer eine Grillparty feiern willst, ziehen diese grauen Regenwolken auf, nur um dich zu ärgern. Es kommt, wie es kommt. Und sollte es ganz mies kommen, auch das geht vorbei.

»*Always look on the bright side of life.*« Selbst die ans Kreuz genagelten Delinquenten haben dieses fröhliche Liedchen gepfiffen. Schau immer auf die schönen Seiten des Lebens. Egal, was passiert. Die Monty Pythons haben das Leben verstanden. Ihr Film über diesen täppischen Brian, der mit dem Messias verwechselt wird, endet mit Galgenhumor, mit dem Chor der Gekreuzigten. Boris sang so lange mit, bis auch er die Nägel in seinen Händen nicht mehr spürte. »*Always look on the bright side of life.*«

Boris gab sich große Mühe, niemals traurig zu sein. Zumindest zeigte er es nicht.

Boris, das hat er schon als Kind gelernt, kann seine Tränen gut verstecken. Er läßt sie nämlich gar nicht erst raus. Die Trauer wird nach innen umgeleitet, was viel gefährlicher ist.

Wenn die Tränen nicht abfließen können, sammeln sie sich tief drinnen zu einem reißenden Strom. Die Dämme brechen, der Körper wird krank. Die Flut reißt den Mann um, der noch immer behauptet, am Magengeschwür oder am Bluthochdruck zu leiden, obwohl die Krankheit weit oben im Kopf losmarschiert ist.

Aber genauso falsch ist es, ständig nur in Selbstmitleid zu waten. Selbstmitleid ist der beste Dünger für Frust, der wie Unkraut wuchert und giftig ist. Wer zuviel davon frißt, geht drauf. Boris, du hast schon recht. Auch wenn sie dich ans Kreuz nageln, das Leben geht weiter. Denk positiv! Nur ein dummer Zufall entscheidet über Pech oder Glück.

Am Tag X gerät alles aus den Fugen. Auch wenn du jetzt am Kreuz verdurstest, du wirst wiederauferstehen. Man muß nur daran glauben und darf niemals zweifeln. Dieser simple Gedanke ist das Erfolgsrezept der Bibel. Millionen Christen können sich nicht täuschen. Sie haben was, woran sie sich festhalten können. Ein Ziel, das aber gar nicht so wichtig ist. Denn der Weg dorthin, das ist das Ziel. Wer sich zu den ewigen Verlierern zählt, gehört bald wirklich dazu.

Geduld, nur Geduld, die harten Tage lohnen sich. Im Kummer wachsen Flügel, was man jedoch erst wahrnimmt, wenn der abenteuerliche Flug schon beendet ist und man im warmen Nest gelandet ist. Bevor die Sonne scheint, ist es recht kalt.

Die Überraschung ist der Regisseur des Lebens, Zufälle bestimmen die Dramaturgie. Manchmal würden wir ja schon gern wissen, was der andere gerade macht, mit dem wir irgendwann mal unser Leben teilen. Aber wir müssen warten, bis einer von diesen dummen Zufällen was für uns tut. Wie lange es dauert, wissen wir nicht. Es gibt nun mal im Leben kein Straßenschild, das sagt: Vier Kilometer bis zum Glück.

Achtzig Millionen Menschen leben in Deutschland. Nur ein verdammt dummer Zufall führt zwei aus achtzig Millionen zusammen. Später werden die beiden trotzdem behaupten, keinen Tag ohne den anderen leben zu können.

Völliger Quatsch. Das Lotteriespiel hätte auch ganz anders ausgehen können. Statt der sieben hätte der Zufall auch die zweiundvierzig auslosen können. Und dann wäre eben die zweiundvierzig dein ein und alles. Kein Grund zur Trauer also, wenn dir die sieben davonrollt. Nur keine Panik, wenn eine Liebe endet. Ein neues Spiel beginnt ...

»If you don't go out to win, don't go!« Dieser Spruch faszinierte Boris, er kannte ihn von MTV. Nike-Turnschuhe warben damit. Wenn du nicht rausgehst, um zu gewinnen, geh nicht raus! Boris wollte gewinnen und ging deshalb nur selten raus.

3

Am Mittag nach ihrem Fest kümmerte sich Eva erst mal um die Geburtstagskarte, bevor sie den Kampf gegen das Flaschenchaos und die Tellerberge aufnahm.

»Wir wünschen Dir sechs Richtige«, stand auf der Karte unter dem Uraltfoto von sechs schnauzbärtigen Muskelmännern, die sich in den dreißiger Jahren aufrecht wie deutsche Eichen in den Strand von Werweißwo aufgepflanzt hatten.

Einfach niedlich, die strammen Burschen in den langen Badekleidern!

Eva gab den sechs Richtigen – ein Geschenk von Bea, ihrer vierzigjährigen Freundin, die mehrere Männer gleichzeitig hatte, wer weiß, vielleicht sogar sechs – einen Ehrenplatz, den bis vor kurzem noch Andy einnehmen durfte. Direkt überm Bett hing nun die Karte. Vielleicht würde ja mal einer von den sechsen aus dem Bild springen, plumps auf ihre Satindecke. Im freien Fall mußte so ein kleines Bademännchen natürlich noch mächtig wachsen. Wer will schon einen Traumboy von der Größe einer Zigarette? Eva stand auf schlanke, große Kerle, deren lange Beine kaum in ihr Futonbett paßten. »Der richtige Mann, der kann dir schon mo-ho-ho-ho-rgen begegnen.«

Erst einmal mußte Eva aber die Spülmaschine mit verklebten Tellern füttern, mit den Resten einer heißen Fete, die wirklich super war, auch wenn der Traummann wieder mal unentschuldigt gefehlt hatte. Wie gut nur, dachte Eva, daß ihre Frauen-WG, in der sie seit einem Jahr lebte, den ewigen Streit um den Abwasch zugunsten des Fortschritts in Form einer Spülmaschine abgebrochen hatte. Wie will man ohne so ein Ding heutzutage noch ein Fest feiern? Natürlich halfen ihre Mitbewohnerinnen nicht beim Aufräumen, sie waren nicht ihre Freundinnen, sondern nervten nur. »Das war dein Fest« – klar, ein Ausflug ins Grüne ging jetzt vor. Dafür machte sich Evas beste Freundin Monika nützlich, die über Nacht geblieben war und erst am Nachmittag zurückfahren wollte.

Eva drehte das Radio leiser, aus dem nur stahlharte Rhythmen knallten. Die Peitschenhiebe stammten von den Heavy-Helden Guns 'n' Roses, die an diesem Feiertag die ganze Stadt in Aufruhr versetzten. Die Ami-Gruppe, deren Markenzeichen (Totenkopf, Pistolen und bißchen Rosenverzierung) eigentlich in die Geisterbahn gehörte, zog beim Open air mit rassistischen und schwulenfeindlichen Sprüchen 70000 Fans das Geld aus den Taschen. Das allein war schon heavy genug, warum aber mußte der lokale Radiosender den Rattenfängern auch noch die Füße küssen?

Schon Stunden vor Konzertbeginn war eine Reporterheerschar vor Ehrfurcht in die Knie gegangen und berichtete live von den letzten Festivalvorbereitungen. Das war die Art von Ehrfurcht, die man sonst allerhöchstens im Vatikan vermutet. Wie die Priester ihren Boß da oben anhimmeln, beteten die sonst so forschen Radioburschen die mit Rosen und Pistolen geweihten Götter an. Mitten in der Sendung hatte es einem der fixen Jungs gar die Sprache verschlagen. Er war nur zwanzig Meter an ihm vorbeigeschlurft. Axl Rose, leibhaftig. Augenblicklich vergaß der Radiomann, daß er live im Äther hing. Ein leichtes Zittern in der Stimme, dann stürzte sie vollends ab. So entstand eine Stille, die Eva am Radio als wohltuend empfand.

»Warum sind die so verrückt nach diesem Axl?« fragte Eva ihre Freundin Monika, die das auch nicht verstand. Eva hätte den häßlichen Heavy-Häuptling mit seiner fettigen Spaghettifrisur nicht mal mit der Feuerzange angefaßt. Widerlich, dieser Typ. Zum Abgewöhnen. »Da ist mir mein Bernd hundertmal lieber«, pflichtete Monika bei, »obwohl auch der manchmal widerlich ist.« Eva dachte natürlich nicht daran, das Radio abzuschalten, das sie schon seit dem Aufwachen nervte. Weil's halt so guttut, sich über andere aufzuregen. Das ist eine spezielle Therapie, die das Wohlbefinden steigert, indem sie von den eigenen Sorgen ablenkt. Eva und ihre beste Freundin Monika beherrschten diese Therapie perfekt. Jede übertrumpfte die andere mit noch schlimmeren Gemeinheiten, die auf Menschen gezielt waren, die sich dagegen nicht wehren konnten. Nichts ist schöner, als Abwesende so richtig fertigzumachen. Aber den Guns 'n' Roses war's ja auch völlig egal, wenn sie ausnahmsweise mal zwei Frauen nicht in Verzückung versetzten. Sie hatten schon zu viele weibliche Fans, die sich nichts sehnlicher wünschten, als die Gitarren der Rockstars ersetzen zu dürfen. Mal sanft gestreichelt, mal hart genommen.

Weil sie vergessen hatte, den Radiowecker abzuschalten, war Eva seit dem frühen Morgen sozusagen live mit am Ort des wilden Geschehens. Noch im Halbschlaf hörte sie (oder war's ein Traum?), wie der Sprecher des Roten Kreuzes von seinem Texas-Urlaub sprach. Da habe er so was schon mal gesehen: »Wie eine Büffelherde stürmten die

Fans los«, staunte der Mann vom Roten Kreuz. Die wildgewordenen Rosenjünger zwängten sich wie das Vieh in lange Gitterbahnen und wirbelten mächtig Staub auf.

Jetzt fehlte nur noch, daß der Obermacker auf seinem Einlaßthron der Trampelherde ein Farmerzeichen aufs Fell brannte. Was nicht mal nötig war. Hunderte Fans, so berichtete der Radiosprecher völlig überdreht, als beobachte er die erste Mondlandung, hunderte Fans also hatten bereits Tätowierungen mit dem Gun-Logo auf ihren Oberarmen.

Nur einmal war Eva zwischendurch förmlich aufgeblüht. Ihr Lieblingssender hatte ein Lied von BAP gespielt. Alles em Lot. Eva hatte sich die Platte gekauft und das Lied tausendmal angehört, als sie mit Andy endgültig Schluß gemacht hatte.

Alles em Lot. BAP-Sänger Wolfgang Niedecken beschrieb darin seine Gefühle, nachdem er sich von seiner Ehefrau getrennt hatte. Das waren die Gefühle von Eva, die dachte, der Niedecken habe dieses wunderschöne Lied extra für sie geschrieben. Zwar verstand Eva den kölschen Dialekt nicht, aber sie hatte die Übersetzung längst auswendig gelernt.

»Sämtliche Fragen sind abgehakt, es ist akzeptiert. Wir beide haben uns vertan, wir haben uns verirrt. Was anfing wie in einem Bilderbuch, ging dann doch in Richtung Groschenroman. Ich habe deine Briefe nie verstanden und meine Lieder kamen nie bei dir an. Ein Hinterhof-Romeo zwischen Traumtanz und Realität. Warte ab – du wirst sehn. Alles wird gut, das kriegen wir schon hin. Alles em Lot.«

Eva bekam feuchte Augen, wenn sie dieses Lied hörte. Was hatte sie sich doch für Illusionen gemacht. Dieser Hinterhof-Romeo – nur Illusionen. Es tat ihr gut, daß es Wolfgang Niedecken auch nicht besserging. Danke, Wolfgang, du gibst mir Kraft für die Trauerarbeit, die ich noch recht lange leisten muß. Trauerarbeit? Es war doch gar niemand gestorben. Aber auch nach einer Trennung, das hatte Eva von der therapieerprobten Monika gelernt, müsse man seine Trauer verarbeiten.

Bis in den späten Abend sang der Sender dann jedoch wieder gnadenlos sein Halleluja auf die schieß- und rosenwütigen Rockgötter, was Monika trotz ihres Abscheus aufmerksam im Autoradio verfolgte, als sie nach Hause fuhr.

Eva überlegte, ob sie am nächsten Tag in ihrer Zeitung eine bissige Glosse über den freien Fall der Radiositten schreiben sollte.

Eva war Journalistin in einem winzigen Lokalblatt, dessen Auflage so überschaubar blieb, daß sie eigentlich all ihre Leser persönlich kennen mußte. Aber bestimmt hatte sie morgen keine Zeit für eine Glosse, weil ihr Chef sie wieder von einer goldenen Hochzeit zur nächsten hetzte, von einer Scheckübergabe zur Verleihung des Verdienstkreuzes an den stolzen Vorsitzenden des Schäferhundevereins.

In der Provinz hocken die besten Journalisten, nur weiß es keiner. Lauter Multi-Talente. Schreiber, Fotograf, Laborant, Sekretär – alles in einer Person. Wenn's sein müßte, hätten sie auch noch ihre Zeitungen selbst ausgetragen, kein Problem. Trotzdem wollte Eva weg. Doch weder der Chefredakteur vom *Stern* noch sein Kollege vom *Spiegel* ließen sich von den Arbeitsproben überzeugen, die Eva aus ihrer kleinen Welt der Vereinsversammlungen und Sparkasseneröffnungen gelegentlich unterbreitete. Der Ordner mit den Absagen war bald genauso voll wie der mit ihren Aufmachern.

Seit sie wußte, daß es niemals mit Andy klappen würde, verfaßte sie unentwegt Bewerbungsschreiben. Eine neue Zeitung, eine neue Stadt, eine neue Liebe. Doch alles hatte sich gegen sie verbündet, niemand wollte ihr den Neuanfang gönnen. Und dann war auch noch Monika weggezogen. Da gab es ein Gesetz, wonach ein Pech gleich noch das nächste mitzieht. Die beste Freundin weg, kein Traumjob, kein Traummann. Natürlich gab es Männer, mehr als genug, die was von der rothaarigen Frau wollten. Mit der Zeit, das wußte Eva, wirst du wählerisch. Mit Schrecken dachte Eva an diesen Werbetexter zurück, den sie gar mit nach Hause genommen hatte, weil Not am Mann war, im wahrsten Sinne des Wortes.

Wie der mich umständlich auszieht, mit jedem Blusenknopf kämpft. Endlich liegen wir nackt da, doch der Kerl weiß nicht, wohin mit seinen Händen. Grad' keine so kreative Phase, was?

Schwitzend drückt der Möchtegern-Macho mich platt, du tust mir weh, merkst du das nicht? Schon nach wenigen Sekunden würde ich ihn am liebsten aus dem Fenster werfen. Weil ich aber so was wie Mitleid spüre, lasse ich ihn halt gewähren. Wird ja hoffentlich bald rumgehen. Von wegen. Die sexuelle Selbstbedienung, zu der sich der Werbefritze rücksichtslos versteigt, scheint kein Ende zu haben. Ein Marathonrennen, bei dem der Kerl auch noch auf den letzten Metern schlappmacht.

Soll der doch das nächste Mal auf einer aufblasbaren Gummipuppe turnen. Mit mir nicht mehr. Wenigstens erkennt der schlechte Lover die Lage und bleibt nicht über Nacht. »Sorry«, brabbelt er, »morgen muß ich früh raus. Artdirektor-Treffen. Damit du ausschlafen kannst, geh ich lieber.«

Die kommende Nacht gehörte nur ihr und den sechs Richtigen. Mensch, du Hinterhof-Romeo, wir haben uns vertan, wir haben uns verirrt. Es ist akzeptiert. Alles em Lot, das kriegen wir schon hin.

4

Boris hatte gerade seine Kontaktanzeige in den Briefkasten geworfen und steuerte nun seinen roten Golf GTI Richtung Büro. Sein Fahrstil war großstädtisch, richtig französisch.

zenreiter der Statistik, weil dort jede zweite Ehe scheitert. Im Münchener Stadtteil Schwabing, so las er verwundert und froh zugleich, bestehen 63 Prozent der Haushalte aus einer Person.

Ein ganz neues Gefühl für Boris. Bisher hatte er bei allem, was er tat, die Mehrheit gegen sich. Wenn er Parteien wählte, demonstrierte, Musik hörte – nie traf er den Massengeschmack. Er fand es nicht schlecht, anders als die anderen zu sein. Man konnte auf die vielen Schafe, die blind ihrer Herde folgten und dabei keinen Blick für die Schönheiten am Wegesrand hatten, herabsehen. Boris war gern der Fremde, der nicht dazugehört und mit einer inneren Distanz die Menschen beobachtet, über die er sich dann ein wenig lustig machen kann. Er war gern der *Englishman in New York*. Das Lied von Sting, sein Lieblingslied. Immer wieder sah er sich das Video an, die einzige Kassette, die er sich gekauft hatte.

Das Saxophon klingt so zart. Es streichelt mich an einer empfindlichen Stelle. Sanft schmust das Saxophon mit mir. Im Regenmantel läuft Sting auf den schneebedeckten Straßen von New York. Die Bilder, obgleich nur in Schwarzweiß gefilmt, verwandeln sich in meinem Kopf in satte Farben. I am an Alien, I am a legal Alien. *Ich bin ein Fremder. Ein* Englishman in New York. *Süß lächelt mich Sting an, als wäre er mein Freund. Er ist mein Freund! Gelassen steht er über allem. Keiner kann ihm was anhaben. Dieser Blick, so sanft, so selbstbewußt – genau wie die Musik! Zärtlicher geht's nicht. Ich möchte noch mal mit dem Saxophon schmusen.*

In dieser neuen Single-Gesellschaft nahm Boris also einen Platz ein, der nichts Besonderes mehr war. Er war kein Fremder mehr. Lief bei ihm was verkehrt?

Boris griff nun selbst zur Schere, um den Artikel in der *Süddeutschen* über die »Hochburg der Einsamen« für sich auszuschneiden. Jeder einzelne Satz traf dort, wo's weh tut.

Das beklemmende Gefühl, von dem eine neunundzwanzig-jährige Birgit G. erzählte, war auch Boris nicht fremd. Diese Birgit lebte seit zwei Jahren schon allein, nach der Trennung von ihrem Freund. Seit ein paar Monaten passiere es nun, daß sie ein beklemmendes Gefühl befalle, wenn sie abends von der Arbeit komme. Nicht so sehr ihr Alleinsein sei depri-mierend. Noch viel beunruhigender sei der Gedanke, daß die Welt um sie herum vor allem eine Welt der Einsamkeit sei.

Boris versuchte, sein beklemmendes Gefühl am Abend auszuschalten, indem er mit der Fernbedienung seinen Fernseher einschaltete. In letzter Zeit lief in seiner mit hell-rotem Teppichboden ausgelegten Wohnung immer öfter die Glotze, auch wenn Boris manchmal gar nichts vom Pro-gramm mitbekam, war ja auch Nebensache. Wenn ihn schon keiner besuchte, so brauchte er wenigstens die Stim-men aus dem Fernseher. Andere Singles hielten sich Kat-zen, die sie mit ihrer Liebe fast erdrückten, weil sie mit Menschen nicht klarkamen. Doch Boris haßte Katzen.

Und überhaupt, Boris lebte doch gern allein. Schließlich konnte er auf diese Weise tun und lassen, was er wollte. Es gab keinen Ärger, wenn er das dreckige Geschirr mal einige Tage stehen ließ. Er mußte sich nicht für den völlig ni-veaulosen Ami-Krimi rechtfertigen, den eines seiner fünf-undzwanzig Kabelprogramme bereithielt und bei dem je-der weitere Druck auf die Fernbedienung erlahmte. Und wenn er nachts um vier Uhr Miracoli kochte, erklärte ihn niemand für verrückt.

In einem typischen Münchener Appartementhaus mit 443 Einzelmietern, so las Boris und es tat noch immer weh, habe der Briefträger mehr fest abonnierte Fernsehzeit-schriften als Briefe im Gepäck. Und von außen könne man am frühen Abend sehen, wie in vielen Zimmern sofort nach Einbruch der Dunkelheit das blaue Fernsehflimmern zu leuchten beginne.

Was ist das nur für eine Generation? Hat sie Angst vor

den wahren Abenteuern, die nicht mehr im richtigen Leben lauern, sondern nur noch in den Spätfilmen? Eine verlorene Jugend, die sich bereits aufgegeben hat, die Videos reinzieht und nur romantische Regungen spüren kann, wenn der Film zum Happy-End kommt. Kaum ist der Abspann auf dem Bildschirm verschwunden, kehrt die Gefühlsleere zurück. Gelangweilte Kreaturen, die ihre Träume irgendwo an der Garderobe gegen eine Zahlenmarke abgegeben haben. Und jetzt haben sie diese Marke verloren und warten und warten, doch sie wissen nicht worauf. Wahrscheinlich warten sie ja doch nur auf den nächsten Spätfilm, der die Spannung ersetzt, die das richtige Leben nicht mehr bieten kann.

In den sechziger Jahren hatte die Jugend wenigstens noch den Aufstand gegen ihre Eltern organisiert, Ende der Siebziger ließ Boris keine Demo aus, die Achtziger waren schon merklich stiller geworden – allenfalls »friedensbewegt«, doch in den Neunzigern, im Zeitalter der Dekadenz, ist das alles zuviel Action. Diese Generation läßt Rambo für sich in der Glotze kämpfen und hält sich ängstlich an der Bierflasche und den Kartoffelchips fest. Das Sofa ist mit Leim bestrichen. Diese Jugend hat nur noch einen Freund mit viereckiger Fratze und Flimmergesicht – den Fernsehapparat. Die Langeweile, das *Leid*motiv ihres Lebens.

Aber bald, redete sich Boris ein, wird das bei mir ganz anders sein. Bald werde ich morgens eine tolle Frau wachküssen, die zunächst nur am Wochenende und dann aber für immer bei mir bleibt. Eine heiße Chiffre-Nummer in meinem Bett. Wann darf ich dich wachküssen?

5

Schon wieder war Evas Zigarettenschachtel leer. Die Lungen mußten viel aushalten, wenn der Frust auf die Seele drückte.

»Haste mir mal eine?«

Freundin Bea, selbst in blaue Schwaden gehüllt, warf ihr

die Packung zu, hustete ihren Raucherhusten, was Eva aber nicht wahrnahm und schon gar nicht als Warnung. Beas Röcheln gehörte zu ihr wie das nervöse Tippen mit den Fingerspitzen auf die Tischplatte. Das fiel nur Fremden auf, ihre Freunde hatten sich längst an Beas Hektik gewöhnt. Sie waren erst dann besorgt, wenn Bea mal völlig ruhig dasaß.

»Und dann sage ich dir, der Helmut, ich bin froh, daß er nun weg ist!«

Beas Männergeschichten – eine Geschichte ohne Ende. Ständig schrieb ihr das Leben neue Kapitel. Eva kannte daraus jeden Buchstaben, weil Bea bei den regelmäßigen Kaffeetreffen in der weiß getünchten Szenekneipe »Abwärts«, die bekannt dafür war, wilde Nachwuchsmaler auszustellen, nichts ausließ. Im Gegenteil.

Im Eifer des Erzählens erweiterte sie schon mal die allzu bekannte Wahrheit um ein paar amüsante Details. Bea, eine vierzigjährige Lehrerin mit der Figur einer Dreißigjährigen, lebte mit zwei Männern, soviel war verbürgt, dafür gab es Zeugen – das ganze Haus. Der eine, ihr Angetrauter, kam nur am Wochenende, weil er werktags dreihundert Kilometer entfernt als Ingenieur arbeitete. Der andere, der geschiedene Vater einer ihrer Schüler von früher, mußte also am Freitag Beas Doppelbett räumen, in das er aber oft noch in der Nacht zum Montag wieder hüpfte. Die beiden Männer wußten voneinander und hatten sich im Laufe der Jahre damit arrangiert. Bea mußte nicht mal die Bettwäsche wechseln, in der zweierlei Gerüche hingen, die verschieden wie die Männer waren: derb und etwas süßlich. Erst hielt Bea das Verhältnis mit dem Geschiedenen vor ihrem Ehemann geheim. Als sich aber bereits das ganze Vierfamilienhaus über ihr Doppelleben amüsierte, weihte sie eines Tages doch den Gatten ein, den sie jedoch keineswegs verlieren wollte. Ihr Liebespotential war so gewaltig, daß es locker für zwei Personen ausreiche. Einer allein wäre damit überfordert, meinte Bea.

Eifersucht sei doch nur was für pubertierende Grünschnäbel. Wer in einer modernen Zeit lebe, könne doch auch eine moderne Lebensform wählen. Die war bei Bea so modern, daß immer wieder noch ein Dritter, ein Vierter oder Fünfter ins Spiel kam. Kürzlich etwa Helmut, von dem sie eben mit einem gewissen Schaudern erzählt hatte. Bea brauchte die Bewunderung vieler Männer so wie der Alkoholiker die Flasche.

Eva war einerseits ein bißchen neidisch, was die beiden Männer anging, die abwechselnd bei Bea wohnten. Andererseits konnte Eva nicht verstehen, wie die das so lange aushielten. Wäre sie in einer ähnlichen Situation gewesen, hätte sie entweder den Konkurrenten geköpft, sich selbst oder am besten gleich alle drei Beteiligten. Es war nur ein dummer Zufall, daß sie damals nicht Andy köpfte. In Gedanken hatte sie ihn und seine Seitensprünge geviertteilt, erhängt, erwürgt, vergiftet. »Und du, mein Herzchen, wie steht's denn bei dir?« Bea hatte nun genug von ihrem chaotisch blühenden Liebesleben erzählt, jetzt wollte sie, die Erfahrene, Tips geben. Fragen Sie Frau Bea – die Sprechstunde hatte mal wieder begonnen.

»Schlecht, wie immer«, stöhnte Eva und wartete schon darauf, daß Bea – wie üblich – sie mit Komplimenten überhäufte, um ihre Psyche zu stärken, wie sich ihre Lebensberaterin ausdrückte.

»Das verstehe ich nicht«, hob die Frau mehrerer Männer erwartungsgemäß an, »wo du doch so blendend aussiehst, deine schlanke Figur, deine roten Haare, deine schöne Haut – bei dir müßten die Männer Schlange stehen.«

Eva konnte ein bißchen Aufmunterung gut gebrauchen, obwohl sie wußte, daß Bea aus Freundschaft übertrieb. Eva war nur mit ihrer Frisur zufrieden, nicht aber mit ihrer Figur. Die Speckfalte am Bauch wollte nicht weichen, die in ihrer Vorstellung weit größer war als in der Realität. Ihr Busen schien ihr zu groß, zu allem Überfluß hatte sie über ihren schmalen Augen die ersten Falten entdeckt, die sie mit einer Spezialsalbe (Packungsaufdruck: Für die Frau ab dreißig) bekämpfte. Durchaus mit Erfolg, weil es ja im Grunde gar nichts zu bekämpfen gab (sie war ja auch noch keine dreißig).

Eva erzählte von einem Spaziergang durch die Stadt. Daheim sei ihr die Decke auf den Kopf gefallen, weil sie sich so einsam fühlte, und dann habe sie beim Spazieren nichts als glückliche Paare gesehen. Alle liefen Hand in Hand, keiner war, wie sie, allein. Überall strahlende und zufriedene Gesichter, die ganze Straße küßte sich, unentwegt, die reine Provokation.

Bea mußte grinsen.

»Kurz nach meiner Abtreibung, du weißt, vor zwei Monaten, bin ich durch die Stadt gelaufen. Und was habe ich gesehen? Nur schwangere Frauen! Alle Frauen, die mir vor die Augen liefen, hatten einen verdammt dicken, schwangeren Bauch.«

Die beiden Klatschbasen kicherten wie zwei Verbündete, die ein streng gehütetes Geheimnis sicher verstaut hatten. Sie zwinkerten sich zu als Komplizinnen im Aufspüren von Männerschwächen und widmeten sich nun ganz ihrer Lieblingsbeschäftigung, gingen also die Beziehungen ihrer Bekannten durch.

Wer mit wem, wer gegen wen, wer verläßt wen?

Eva sog Honig aus dem Pech der anderen, was sie natürlich niemals zugegeben hätte. Die überraschende Trennung eines Paares, von dem alle Welt dachte, es sei das glücklichste auf dieser Erde, wurde zwar bedauert. »Armer Siggi! Ausgerechnet wegen Kurt, wegen dieses Scheusals hat ihn Iris verlassen. Armer Siggi!« Doch in dieses Bedauern mischte sich auch eine Prise Genugtuung. Wenn um sie herum die Beziehungskisten krachten, lag es also nicht nur an ihr, wenn ihre immer zusammenbrachen. Es lag vielmehr an dieser hektischen Zeit, an den hohen Ansprüchen, die jeder stellte, an dem Drang nach Freiheit, den die Leute heute eben auslebten, während ihre Eltern früher nicht mal davon zu träumen wagten.

Ihre Mutter hätte sich nicht getraut, allein zu leben. Eine Frau ohne Mann und ohne Kinder galt nichts. Damals hießen die Unverheirateten nicht Singles, sondern alte Jungfer oder verschrobener Junggeselle. Der Spott traf die Außenseiter. Die größte Angst der Ehefrauen war, daß ihr Mann davonlaufen könnte. Die Frauen wollten beim Bäcker um die Ecke ja sagen können: Mein Mann macht dies und jenes, mein Mann, mein Mann, auch wenn sie mit ihm schon längst nicht mehr schliefen. Wegen Sex, der nicht mehr stattfand, trennten sich die Paare nicht, die krampfhaft an der heilen Welt festhielten, die nach außen wirklich so aussah.

Das war eine andere Generation, die nicht begreifen konnte, warum ihre Kinder dieses Single-Leben führen wollten, und das auch noch freiwillig. Die Älteren dachten, das Glück habe sich im Standesamt versteckt, man müsse schon dorthin, um es mit nach Hause nehmen zu können. Wer keinen Ehering am Finger hatte, schien kein vollwertiger Mensch zu sein.

Bea konnte im Bäckerladen gleich von zwei Männern erzählen, was sie auch genüßlich tat. Der eine machte die Kehrwoche, der andere konnte die Waschmaschine reparieren. Der eine war im Bett ein wildes Tier, der andere ein sanfter Genießer.

Bea nahm Eva in den Arm. »Geh'n wir?«

Jetzt war auch Beas Zigarettenschachtel leer.

Die beiden würden sich ja bald schon wiedersehen. Bea wollte unbedingt die *California Dream Boys* sehen, jene amerikanischen Muskelprotze, die gerade von einer Großstadt zur anderen zogen, um sich vor Frauen auszuziehen. Eva mußte über die Zeitung Freikarten für die nackten Traumboys besorgen. Irgendeinen Vorteil mußte der Job bei der Zeitung ja haben.

Seitdem ihre beste Freundin Monika weggezogen war, traf sich Eva häufiger mit Bea, die allerdings eine viel zu große Plaudertasche war, als daß sie ernsthaft hätte in Konkurrenz zu Monika treten können. Eva wußte, daß sie Bea bestimmte Dinge verschweigen mußte, weil sie die dann genausogut in ihrer Zeitung hätte drucken können. Bea behielt nichts für sich, und das nicht mal aus bösem Willen. Irgendwann rutschten die anvertrauten Geheimnisse wie von selbst heraus. Geheimnisse, die sie um ein paar amüsante Details erweiterte, die so gut erfunden waren, daß die Geschichte »richtig rund« wurde, wie es in der Journalistensprache von Eva hieß. Monika aber informierte nicht mal ihren Bernd, sie würde selbst das unwichtigste aller Geheimnisse mit ins Grab nehmen.

Im Laufe der Jahre hatte Eva mit Monika gar eine Geheimsprache entwickelt, extra für den Urlaub. Wenn Monika mit Bernd verreiste, schrieb sie Ansichtskarten, deren Texte sich wie alle Ansichtskarten dieser Welt anhörten. Schönes Wetter, gutes Essen, nette Leute kennengelernt und so weiter. Bernd, der Monika keine Karte schreiben ließ, ohne jedes Wort gewissenhaft zu studieren, ahnte nichts. Aber diese Ansichtskarten enthielten geheime Botschaften, die Eva mit kindischer Freude entschlüsselte.

Schon die Wahl der Karte sagte alles. Bekam Eva ein Foto aus der Vogelperspektive, wußte sie, daß Bernd nur nervt. Am Übersichtsbild einer idyllischen Urlaubslandschaft oder einer schönen Stadt am Meer erkannte Eva die Wut ihrer Freundin Monika, die sich mal wieder trennen wollte. Aber erst nach dem Urlaub, den sie noch etwas genießen wollte, was schlecht möglich war, wenn sie am Strand ihren Bernd in die Wüste schickt und womöglich deshalb vorzeitig abreisen muß.

Ein Detailfoto dagegen, etwa ein Boot in der Abendsonne oder ein verlassener Strandkorb, signalisierte: alles bestens, alles wunderbar. Monika hatte mal wieder beschlossen, einen neuen Versuch mit Bernd zu wagen.

Entscheidend war auch der erste Satz. Beschrieb Monika erst das Wetter, wollte sie damit sagen, daß Bernd im Bett gerade ein Langweiler war. Wenn sie mit dem Essen anfing, konnte sich Eva mit ihrer Freundin über deren heiße Nächte freuen. Sobald Monika auf ihrer Karte das rauschende Meer erwähnte, wußte Eva, daß ihre Freundin einen Typ gesehen hatte, der ihr gut gefiel und mit dem Bernd nicht konkurrieren konnte. Mit der Zeit hatten sich bei Eva besonders viele Ansichtskarten angesammelt, die Städte in der Übersicht zeigten und deren Text erst vom Wetter und dann vom rauschenden Meer handelten.

6

Eva blickte wieder mit etwas Optimismus in die Welt, als sie kichernd, Arm in Arm mit Bea, gegen 18 Uhr die Kneipe verließ, die sie immer nur nachmittags besuchte. Am Abend sah man sie hier so gut wie nie. Nach diesen Nachmittagen im Abwärts ging's bei Eva für kurze Zeit wieder aufwärts. Deshalb verabredete sie sich so gern an ihren freien Tagen mit ihrer älteren Freundin, die niemals zu ihr nach Hause kam, weil Evas Mitbewohnerinnen sie nicht mochten. Sechs Jahre Frauengruppe blieben nicht ohne Wirkung und schauten selbst Eva immer wieder zornig an. Ins eisern eintrainierte Feindbild paßten auch Frauen, die mit den Männern spielten. »Die Bea verhält sich doch wie ein Mann«, kritisierten die beiden Kämpferinnen in Lila, in deren Welt es schon lange keine Männer mehr gab, was sie, wie sie behaupteten, so wollten, obwohl es natürlich gar nicht stimmen konnte.

Es war kurz vor 20 Uhr, als Boris das Abwärts betrat. Früher konnte er nicht kommen, weil er mal wieder so lange vor dem Fernseher und vor dem Spiegel hängengeblieben war. Es dauert halt auch, bis man die richtige Jacke findet. Boris hatte sich wieder mal für die knallrote entschieden. Er liebte knallige Farben, besaß Jacken in allen möglichen Rottönen und sah manchmal aus wie ein Clown. Es gefiel ihm, wie ein Pfau die Blicke anzulocken.

Boris dachte eigentlich, ein paar Freunde im Abwärts zu treffen. Diese Kneipe, in der alle mexikanisches Bier aus der Flasche tranken, war sein zweites Wohnzimmer. Hier traf er sonst immer irgendwen, den er kannte. Nur nicht heute. Sonst war ja wenigstens Fritz da, sein bester Freund aus gemeinsamen Unitagen. Mit seinen Gummibärchen hatte Fritz eine gewisse Berühmtheit erlangt. Er schien alle Mini-Packungen, in denen sich grad mal zehn Gummibärchen befanden, aufzukaufen. Fritz hatte Frauen und Gummibärchen zum Fressen gern.

Wenn er eine Frau kennengelernt hatte, konnte sie sicher sein, bald diese Gummibärchenpackung geschenkt zu bekommen. Am laufenden Band verschickte Fritz Gummibärchen (samt Aufforderungsbrief zu einem »unverbindlichen Treffen«) oder warf sie direkt in den Briefkasten seiner Auserwählten. Besonders gern klemmte er die Gummibärchen auch unter den Scheibenwischer, sobald er wie ein Detektiv herausgefunden hatte, welches Auto die Frau fuhr, von der er was wollte. Fritz kaufte Unmengen dieser Probepackungen, die ruckzuck weg waren – viel schneller jedenfalls als die Packungen mit den »gefühlsechten« Gummis zum Aufblasen. Fritz war das berühmteste Gummibärchen der Stadt. An diesem Abend fehlte er im Abwärts, wahrscheinlich ging er gerade mal wieder mit seinen Gummibärchen spazieren.

So stellte sich Boris eben allein an die Bar und schielte dabei immer unauffällig nach links hinten – eben direkt auf die Spiegelwand, die den engen Kneipenraum vergrößern sollte und in der sich die Bilder der wilden Maler spiegelten, um noch wilder zu werden. Boris warf seinem Spiegelbild ein Lächeln zu und überzeugte sich davon, wie gut ihm seine Igelborsten und seine knallrote Jacke standen. Ab und zu wanderte sein Blick an den Gummipalmen vorbei auf die wie zufällig in die reine Männerrunde gestreuten Frauen, um zu überprüfen, welche von ihnen er wachküssen wollte. Die wenigen Frauen, die er sah, waren bereits von Kerlen umstellt, die mit den Füßen scharrten. Lauter Angreifer – Beruf: Baggerführer.

In der Ecke sah Boris doch noch einen, den er kannte. Kurt. Kurt stand immer in der Ecke der Bar, das war sein Stammplatz, den er den ganzen Abend nicht verließ und es dabei locker auf zwölf Coronas brachte. Kurt war bekannt für seine Witze. Boris entschied, bei ihm einen Witz abzuholen. Weil Boris schon lange nicht mehr im Abwärts gewesen war, konnte er sogar damit rechnen, einen neuen zu hören.

Kurt legte los.

»Was gibt's, wenn ein Bauer und eine Bäuerin miteinander eine Nacht verbringen? Einen kleinen Bauer. Und was gibt's, wenn ein Öko-Bauer und eine Öko-Bäuerin eine Nacht verbringen? Nichts – denn der Öko-Bauer spritzt nicht!«

Der Witz war zu doof, Boris mußte das Abwärts schon nach einer Flasche Corona verlassen, um ziellos in der Stadt umherzuirren. Am Gyrosstand stärkte er sich – für den Besuch in einem grell flackernden »Multi-Video-Sex-Shop«, den er eigentlich gar nicht betreten wollte. Als würde er von einer unbekannten Macht hineingezogen, fand er sich plötzlich in einer engen Kabine, die nach strengen Chemikalen roch, um die männlichen Gerüche zu überdecken, die von mehr stammten, als nur von Schweiß. Das Markstück, mit dem er den Automaten fütterte, gab ihm Einblicke in eine Welt, in der die Frauen nur eines wollten. Ihr ganzes Glück war in die Hose der Männer gerutscht, die auch ohne Streichelhände, nur mit ihrem brutalen Stoßhammer von einem Orgasmus in den nächsten stolperten. Wem der Körper gehörte, auf dem sie gerade lagen, war völlige Nebensache. Frauen, das waren nur Brüste und Schenkel, weiter nichts. Die Liebe, oder das, was sie dafür hielten, existierte nur zwischen den Beinen und kam nicht darüber hinaus.

Boris mußte plötzlich wieder an Birgit G. denken, die

Single-Frau aus der *Süddeutschen*. In der Welt der Einsamkeit, von der sie gesprochen hatte, gab es eine Hauptstadt, und die war hier.

Die Männer, die sich draußen auf dem Gang trafen, während sie unauffällig ihren Hosenladen kontrollierten, sprachen kein Wort miteinander, sie schauten sich nicht mal an. Die Angst, ihren Chef oder ihren Nachbarn zu treffen, ließ sie verschämt auf den Boden blicken. Und doch herrschte so was wie stille Solidarität. Die Solidarität der vom Trieb Getriebenen, deren Phantasie schon so verkümmert war, daß sie Bilder von nackten Körpern brauchten, die früher noch von allein in ihre Köpfe gekommen waren.

Ihre Lust war eine Last. Sie litten an ihren gräßlichen Begierden. Diese Männer konnten ihren Schwanz, obwohl sie ihn dauernd anfassen mußten, nicht in den Griff bekommen. Das verdammte Körperteil machte sie zu lächerlichen Gestalten, zu liebesunfähigen Trotteln. Boris entschied, nie wieder diesen Ort zu besuchen. Diese Schwäche wollte er sich nicht noch mal eingestehen. Von sich selbst angewidert, verließ er fluchtartig diese Sex-Klinik, deren Patienten suchtkrank waren. Süchtig nach der Erfüllung ihrer geheimsten Wünsche, die mit jeder Visite noch geheimnisvoller wurden.

Boris kannte die Porno-Diskussion. Auch er hatte immer die Ansicht vertreten, daß es doch besser sei, die Männer würden sich hier abreagieren, als daß sie Frauen vergewaltigten. Doch irgendwann reichten ihnen die Bilder nicht mehr aus. Und dann würde es verdammt gefährlich werden.

Sollte seine Sexualität auch mal so enden, die so vielversprechend angefangen hatte? Was er mit seiner ersten Frau, mit Gaby, erlebt hatte, schien das genaue Gegenteil von dem zu sein, was sich nun hier abspielte. Das war nicht der schmutzige Sex, der hinter den verschlossenen Kabinentüren stattfand. Das war eine spannende Entdeckungsreise in ein noch unbekanntes Land der lauten Lust. Und

44

wenn das Leben meinte, sie mit dem Ärger des Alltags nerven zu müssen, waren sie schon über alle Berge. Abgezischt, weit weg. Ihre neue Adresse hielten sie streng geheim. Eine gut versteckte Wolke, mitten in der City des siebten Himmels. Damals hatte Boris nicht mal gestört, daß Gaby eine Katze besaß. Die Wochenenden mit Gaby waren unbeschreiblich schön. Boris zehrte noch heute davon.

Wie gut, daß meine Mutter wieder mal bei Arnold ist. Gaby kann das ganze Wochenende bleiben, und niemand kontrolliert uns. Nur am Samstag vormittag gehen wir kurz mal aus dem Haus, um den Kühlschrank zu füllen. Dabei ist an Essen gar nicht zu denken. Unseren Hunger können wir nur mit uns selber stillen. Stundenlang liegen wir still in meinem Bett. Völlig ausgeschlossen, daß es außerhalb meines Bettes noch ein Leben gibt! Gabys Finger malen tolle Gemälde auf meinen Rücken. Ich spüre jeden Strich, jeder ist noch vollkommener als der vorausgegangene. Diese Zärtlichkeit zaubert uns weit weg, in eine Oase der Glückseligkeit. Mir wird fast schwindlig davon. Gaby ist eine Künstlerin. Sie beherrscht die Kunst des Streichelns wie keine andere. Doch die Stunden vergehen viel zu schnell. Wir werden unsere Haut bald wieder bemalen.

Damals bebte die Erde sanft, erst seine Neugierde und seine Nervosität hatten Boris das unbeschreibliche Glücksgefühl bereitet, das im Pornoladen kein Gefühl des Glücks mehr war. Wie die Fixer den Schuß brauchten, über den sie gar nicht weiter nachdachten, setzten nun auch hier die Männer ihren Schuß, während sie weggetreten auf ineinander verkeilte Leiber starrten. Mit Gaby hatte er den Olymp bestiegen, war allen Kümmernissen seiner kleinen Schülerwelt davongeflogen. Endlich erwachsen, verschmolzen mit dem Paradies. Boris wünschte sich, noch einmal achtzehn zu sein. Noch einmal verdammt grün hinter den Ohren zu sein, damit dieses Kribbeln zurückkam, das er nie wieder so intensiv erleben durfte. Wie nur konnte er seine Unschuld zurückholen? Boris, du hast keine Ahnung. Denn das Kribbeln kennt keine Altersgrenze.

7

Also doch, es gibt sie also doch. Traummänner sind noch nicht ganz ausgestorben. Heute abend würde gleich ein Dutzend vor Eva die Hosen runterlassen.

Traummänner im Adamskostüm, ganz wie im Paradies. In allen größeren Städten tauchten sie auf und zeigten ihre wohlgeformten Pos. Als hätten die Frauen auf nichts anderes gewartet, jubelten sie ekstatisch. Klar, daß sich alle Medien auf dieses Phänomen stürzten, von der *Zeit* bis zu *Titel, Thesen, Temperamente*. Es war wie bei der Henne und dem Ei. Keiner konnte sagen, was denn nun zuerst da war. Hatten erst die vielen Zeitungsberichte diese verrückte Frauenhysterie ausgelöst? Oder folgten die Blätter, die entblößte Männerhintern vierfarbig und im Großformat druckten, nur den weiblichen Jubelschreien? Je mehr jedenfalls sich die Zeitungen ums männliche Frischfleisch kümmerten, desto voller wurde es bei diesen Strip-Shows. Das schaukelte sich wohl gegenseitig hoch.

So mußten die *California Dream Boys* gar ein zweites Mal in Evas Stadt auftreten – schon wieder vor ausverkauftem Haus. Und diesmal waren auch Bea und Eva dabei, die sich beim ersten Auftritt noch über ihre wildgewordenen Geschlechtsgenossinnen lustiggemacht hatten. Jetzt waren sie selbst ganz wild drauf, daß die gutgebauten Kerle im Scheinwerferlicht endlich ihre Kleider vom Leibe rissen. Ja, macht schon! Runter mit der Hose! Runter! Runter! Runter!

Natürlich zeigten die Amerikaner nicht alles, im entscheidenden Moment ging das Licht aus, oder sie hielten ihre Hände wie Jürgen Klinsmann beim Freistoß schützend vor sich. Aber darum ging's auch nicht. Wie so ein Ding aussieht, wußten die Frauen ja schon, anatomische Studien mußte keine mehr betreiben. Doch die Phantasie blüht erst richtig auf, wenn so eine Kleinigkeit noch versteckt wird.

Vorne auf der Bühne räkelte sich ein süßer Kerl im knappen Slip unter der Dusche. Seine Hand rutschte von der rasierten Brust runter – mitten hinein in seinen Slip. Puuuh! Die Frauen im Saal johlten, während der Kerl sein Gesicht verzog, als explodiere da was in seiner Hose, obwohl sich da drin natürlich gar nichts regte. Es war ja nur sein Job, Hand an sich zu legen. Wenn da was hochging, dann nur die Stimmung im Saal. Ein Kreischen wie einst bei den Beatles. Während es damals reichte, wenn John Lennon seine Gitarre liebkoste, mußten sich die Jungs aus Kalifornien gefälligst selber zupfen. Viel geändert hatte sich trotzdem nicht. Damals sangen die Beatles *All you need is love*, und auch die weiblichen Fans der Strip-Shows waren genau dieser Ansicht.

Zwölf der vierzehn Dreamboys sind schwul, hatte Eva im *Stern* gelesen, wahrscheinlich wurden sie jeden Abend noch ein bißchen schwuler, wenn sie diese hysterischen Frauen erlebten.

Die Stripper traten immer in den besten Sälen der Städte auf, dort, wo's sonst recht feierlich zuging, bei den Abonnentenkonzerten des städtischen Kammerorchesters. Während Männer in dunklen Altstadtschuppen nackte Busen anstarrten und dort auch immer alleine auftauchten, marschierten die Frauen gemeinsam auf, etwa der komplette Schreibpool des Versicherungskonzerns oder das Kaffeekränzchen im besten Mittelalter. Die Frauen schrien's heraus, während sich die Männer zwischendurch in einer dunklen Ecke, die Hand in der Hose, Entspannung holten. Die Traummänner stiegen aus Nebelwolken. Ihre Muskelberge glänzten vom vielen Öl. Einer wollte gerade eine Stahlstange beglücken, die er zwischen seine Beine nahm, um dann mit den Hüften auf und ab zu tanzen.

»Mensch, der Kerl ist 'ne Wucht!« schrie Bea ihrer Freundin ins Ohr, »da können alle meine Männer einpakken!«

Wen wundert's also, daß den Männern das neue Strip-Phänomen ganz und gar nicht gefiel. Sie überzogen die *California Dream Boys* mit Spott, das sei doch widerlich, wie die aussähen. Viel zu viele Muskeln, aber nichts in der Birne. Im Grunde waren aber die Männer ja nur neidisch, wußte Bea. Ihr geschiedener Freund hatte Bea vorgeschlagen, doch in die Sauna zu gehen, da könne sie nackte Männer viel billiger sehen (die *California Dream Boys* verlangen immerhin sechzig Mark Eintritt). Dieses Argument konnte Bea natürlich nicht überzeugen. Erstens mußte sie gar keinen Eintritt zahlen, weil ja Eva Journalisten-Freikarten hatte. Zweitens würden in der Sauna ja doch nur Bierbäuche rumschwabbeln.

Wer sich die genauer ansah, hatte endgültig genug von Männern.

Auch die Stadträte aus der konservativen Ecke empörten sich über die Strip-Show im ehrwürdigen Kulturtempel der Stadt, als habe eben mal der Priester auf der Kanzel sein Gewand geöffnet, um allen zu zeigen, daß er keine Unterhose trug. Was soll die ganze Aufregung um ein paar nackte Männerleiber? Haben diese Stadträte denn keine anderen Probleme? Warum hielten sie plötzlich die Moral so hoch? Wußten sie überhaupt, was das ist, Moral? Bei den Abstimmungen im Gemeinderat hatten sie's oft vergessen. Waren nackte Männer wirklich unmoralischer als diese Selbstbedienungsmentalität, die in den Parlamenten regierte?

Bea johlte mit und kannte sich selbst nicht mehr. Diese Massenhysterie steckt eben an. Männer, endlich richtige Männer! Keine Schlappschwänze, die sich für wunderschön hielten, obwohl deren dünn behaarte Hühnerbrust ja nicht gerade die wilde Ekstase freisetzte.

Arm in Arm verließen die Freundinnen den Saal, wo

draußen mehrere Dutzend Männer warteten, die wie die Hunde vor dem Supermarkt draußen bleiben mußten (»*For women only!*«) und nun leichte Beute witterten. *Forget it*, mit denen da drin könnt ihr doch nicht konkurrieren, dachte Eva, die sich die Traummänner von der Bühne in Gedanken mit nach Hause nahm.

All you need is love. Nur, wohin mit der ganzen Liebe, wenn so wenig Traummänner in freier Wildbahn rumspringen?

Wer hat die ganzen Traummänner eingesperrt, um sie ab und zu mal im Scheinwerferlicht vorzuführen? Vielleicht hatte ja auch irgendwer diese Traummännerrasse extra gezüchtet. Und jetzt konnte man die Züchtung nicht auf die Frauenwelt loslassen, weil sie trotz ihrer Muskelberge gar nicht lebensfähig war.

All you need is love. Eva wußte, daß sie den Rest nur träumen konnte.

8

»*Faschismus fängt daheim an.*« Boris mußte plötzlich wieder an den alten Spontispruch denken. Endlich konnte er sich mal wieder so richtig aufregen. Ab und zu braucht man's halt, im Grunde sollte Boris dem blöden Besitzer der Videothek deshalb dankbar sein, dem er gleich seinen ganzen Zorn um die Ohren schlagen konnte. So eine Wutexplosion macht innerlich frei.

Boris wollte sich eigentlich nur drei Videos ausleihen und freute sich schon auf einen gemütlichen Abend vor der Mattscheibe. Während unser Freund gerade die Hüllen studierte, meinte der Videobesitzer, einen Witz reißen zu müssen.

»Ein Wessi, ein Ossi und ein Asylant wohnen zusammen in einem Haus. Plötzlich brennt's dort. Wer überlebt?«

Kurze Pause.

»Na klar, der Wessi, der war als einziger gerade bei der Arbeit!«

Während die anderen Videokunden laut lachten, konnte sich Boris nicht mehr bremsen.

Dieser angebliche Witz weckte den schlummernden Straßenkämpfer in Boris wieder auf. Das bißchen Restprotest reaktivierte sich.

»Sie Rassist! Sie Faschist! Sie Nazi!«

Mehr mußte gar nicht gesagt werden. Boris donnerte mit dem Fuß gegen den Videoständer und rannte aus dem Laden. Natürlich schlug er noch die Tür so heftig zu, daß fast das Glas zerbrach.

Boris holte sich seine drei Videos eben bei der Konkurrenz. Einen Porno nahm er diesmal nicht mit nach Hause. Der Besuch im Multi-Video-Sex-Shop hatte ihn geheilt. Boris stellte sich ein gut gemischtes Programm zusammen. *Otto, der Film,* damit's endlich mal wieder was zum Lachen gab (obwohl er ihn schon fast auswendig kannte), *Under fire,* damit's ein bißchen Spannung mit politischem Background gibt, und *Neuneinhalb Wochen,* weil seine Beziehungen ja auch nie länger dauerten.

Boris hatte es nun aber eilig. Daheim wartete ja schon der Briefkasten, um endlich das dicke Päckchen vom Stadtmagazin loszuwerden. Es wurde ja auch höchste Zeit. Boris konnte doch die vielen Frauen nicht länger warten lassen, die sich zu Recht danach sehnten, von ihm gleich morgen schon wachgeküßt zu werden.

Tatsächlich, aus dem Briefkastenschlitz schimmerte was. Das kam ja wirklich nicht oft vor. Wenn Boris Post bekam, dann meist von der Post. Die Telefonrechnung. Boris lag voll daneben. Kein Umschlag vom Stadtmagazin, keine Telefonrechnung – ein Brief von Iris. Verdammt, was will sie denn?

Iris, das lag schon mehr als neuneinhalb Wochen zurück. Mit der Frau hatte er was angefangen, ein Fehler, ein verdammt dummer Fehler. Denn Iris war von der Sorte Frau, die Boris auf den Tod nicht ausstehen konnte. Die hatte sich in den Kopf gesetzt, Boris zu erziehen. Wußte alles besser, wollte immer das letzte Wort haben. Sie provozierte ihn bis aufs Blut. Was gar kein Kunststück war. Die kleinsten Kleinigkeiten konnten Boris provozieren.

Schon wie sie Boris sagte. BORIS! So bellend, so bissig. Boris zuckte jedesmal zusammen und zog schnell den Kopf ein.

Dieser Preis für regelmäßigen Geschlechtsverkehr war einfach zu hoch. Boris wollte seine Ruhe, die Spannung im Bett hatte sowieso bereits nachgelassen. Also bestand kein einziger Grund mehr, diese Frau länger zu ertragen. Und überhaupt, sie war zwei Köpfe kleiner. So eine paßt nicht zu einem XXL-Mann, das macht nur einen krummen Rükken, wenn man sich immer runterbücken muß.

Er hatte ihr sogar gesagt, daß er sie nicht lieben würde. Was im Grunde gar nicht nötig war. Boris war ein so schlechter Schauspieler, daß sie es bereits wußte. Doch die kleine Iris hatte sich vorgenommen, ihm schon noch die große Liebe beizubringen. Du wirst schon sehen, warum du mich brauchst. Allein kommst du doch nicht zurecht, du doch nicht!

Ihre pedantischen Versuche mißlangen, denn Boris hatte Schluß gemacht. Komisch, ihre Tränen hatten ihm gefallen. Bin ich schon so herzlos? hatte sich Boris nur für einen kurzen Moment überlegt und seitdem nicht mehr drüber nachgedacht. Bis eben dieser Brief kam.

Noch bevor Boris in seiner Wohnung den Umschlag öffnete, noch bevor er den ersten Videofilm in den Recorder schob, rannte er ans Telefon. Legte den Hörer einfach daneben. Tutututut – immer belegt. An diesem Abend wollte er nicht gestört werden. Pech gehabt, liebe Mutter, ich bin belegt, immer belegt.

Aber es war ja der 12. Mai.

Der 12. Mai, sein achtundzwanzigster Geburtstag.

Boris behielt dieses Geheimnis für sich. Niemand im

Geschäft sollte was wissen. Es war ein Tag wie jeder andere auch. Boris arbeitete ganz normal. Auch seinen Freunden hatte er nie etwas von diesem 12. Mai erzählt. An eine Geburtstagfeier war nicht zu denken. Boris sah im Moment gar keinen Grund, irgendwas zu feiern, schon gar nicht sich selbst.

Mit drei Videos und noch mehr Flaschen Bier würde er den Rest dieses Tages schon irgendwie rumkriegen. Seine Mutter mußte Verständnis haben. Immer belegt – kein Wunder, an seinem Geburtstag, da rufen doch all seine Freunde an. Die Vorstellung gefiel ihm, wie sich seine Mutter die Finger wundwählte. Aber Arnolds Katze würde sie schon bei Laune halten.

Der Abend begann mit Otto. Nur mit dessen Witzen konnte er den Brief von Iris ertragen.

Seine ehemalige Freundin hatte ihm doch tatsächlich zum Geburtstag gratuliert. Boris konnte sich gar nicht daran erinnern, ihr das Datum verraten zu haben. Es ging aber Iris sowieso nicht drum, ihm eine Freude zum Geburtstag zu machen. Ganz im Gegenteil. In dem Brief rechnete sie mit ihm ab. Iris wies auf sieben Seiten nach, warum er ein so mieser Typ sei. »Du bist doch total ängstlich. Du hast Angst vor Frauen. So einen verkorksten Psychopathen habe ich noch nie kennengelernt. Allein schon Dein Katzenhaß. Das ist doch nicht normal. Die armen, niedlichen Katzen müssen dafür herhalten, daß Du mit Frauen nicht klarkommst. Und dann denkst Du auch noch, Du wärst der schönste Mann auf der Welt. Daß ich nicht lache! Deine Igelfrisur ist doch schon total out, mega-out, kein normaler Mensch läuft mehr so herum!«

Die spinnt, die ist total verrückt, dachte Boris. Warum lese ich diesen Schwachsinn überhaupt? Auf Seite zwei brach Boris ab und zerknüllte den Brief.

Zum Papierkorb machte Boris noch einen Umweg ins rotlackierte Badezimmer. Dort begutachtete er seine Frisur im Spiegel. Die hat doch keine Ahnung, meine Haare sind

doch super! Super, einfach super! SUPER! Boris sprach
das Wort eigentümlich aus. Bellend und bissig.

9

Ein toller Samstag. Das Freibadwetter, dreißig Grad mitten
im Mai, brachte Eva in Sommerlaune. Die Wolken hatten
sich freigenommen und ließen die Sonne auf einem strah-
lend blauen Himmel allein. Evas Körper glänzte, weil sie
die Sonnenmilch etwas zu üppig aufgetragen hatte. Licht-
schutzfaktor 12. Eva wollte stundenlang in der Sonne liegen und dachte nur noch an eines: braun werden, knackig
braun.

Traummänner liebten braune Traumfrauen.

Eva rückte den Liegestuhl auf ihrem Balkon aus dem
Schatten und blätterte im Stadtmagazin. Wo sind gleich die
Seiten mit den Kontaktanzeigen? Kein knalliger Aufmacher war so spannend wie die kleingedruckten Aufschreie
der Einsamen dieser Stadt. Zwar hatte Eva noch nie auf
eine Kontaktanzeige geantwortet, doch jedesmal ging sie
alle durch. Unter »Lust gegen Frust« fahndete ein »Frosch«
nach seiner »Prinzessin«. Eva überlegte: Wenn ich den
jetzt küß', und er ist gar kein Froschkönig, was dann?

Weiter unten spielte ein Unbekannter mit einem alten
Spruch der Frauenbewegung. »Fahrrad sucht Fisch!«

Eine Frau ohne Mann, wir wissen's seit vielen Jahren, ist
wie ein Fisch ohne Fahrrad. Eva fuhr lieber Auto statt Fahrrad, das strengt nicht so an.

Gleich zweimal las sie eine Kontaktanzeige, die nur aus
zwei Sätzen bestand.

ICH HÄTT' DICH HEUT GERN WACHGEKÜSST. VIELLEICHT
MORGEN?

Soll ich antworten? Soll ich mich wachküssen lassen?
Eva wollte schon die Chiffre-Nummer aufschreiben, da
klingelte das Telefon. Ihre Mutter.

Wann sie denn endlich mal wieder käme? Längst hatte Evas Mutter die Waschmaschine verflucht, die sich ihre Tochter schon vor vier Jahren gekauft hatte. Früher war die schmutzige Wäsche wenigstens noch ein Grund für regelmäßige Besuche. Eva wußte ja, daß ihre Mutter es verdient hatte, öfter mal Abwechslung von den tristen Tagen mit ihrem Ehemann zu bekommen. Kurz vor dem Ruhestand hatte der Vater, ein korrekter Bankmanager mit stark ausgeprägtem Karrieretrieb, diesen Trieb noch mehr ausgelebt, er kam immer noch später nach Hause. Seine Angst vor dem Loch, in das er nach seinem fünfundsechzigsten Geburtstag fallen würde, schob ihn atemlos in nächtliche Aktenstudien, die so nötig waren wie die Streitereien mit seiner Frau an den langweiligen Wochenenden. Daß sich seine Arbeitssucht noch steigern ließe, hatte Eva gar nicht für möglich gehalten. Schon früher war der Vater sogar am Wochenende in seine Bankfiliale gegangen. Eva dachte schon, bald kennt er mich gar nicht mehr. Einmal hatte sie sogar den Beweis.

Es ist schon Nacht. Heute geh' ich nicht nach Hause. Vielleicht merkt Vater dann endlich, daß es mich auch noch gibt. Wenn er mich überhaupt vermißt. Ich bleibe bei meiner Freundin Sigrid, die so alt ist wie ich. Dreizehn. Ihre Eltern sind im Urlaub, ich bleibe über Nacht, habe aber nichts daheim gesagt. Die sollen Angst haben! Mal sehen, wie die reagieren. Tatsächlich, sie rufen bei Sigrid an. Die macht das Spielchen mit und behauptet, ich wäre nicht hier. Sie wisse auch nicht, wo ich stecke. Meine Mutter hört sich ganz panisch am Telefon an, sagt Sigrid und freut sich mit mir. Die Mutter hat den Vater tatsächlich zur Polizei geschickt.

Vermißtenanzeige. Der Beamte will eine Beschreibung von mir. Er fragt meinen Vater nach meinem Aussehen, meiner Größe. Und welche Augenfarbe hat ihre Tochter? Vater muß passen, schrecklich peinlich. Er kennt nicht

mal meine Augenfarbe! Natürlich hat er vom Gespräch
mit dem Polizisten nichts erzählt, das habe ich von ihm
selbst erfahren, als ich wieder auftauchte und aufs Revier
mußte, um mir dort eine Strafpredigt anzuhören. Er kennt
nicht mal meine Augenfarbe!

Eva würgte das Telefongespräch mit ihrer Mutter ab. Sie sei
auf dem Sprung, log sie. Tschüß. Als sie wieder auf dem
Balkon saß, hatte sie bereits vergessen, dem Unbekannten
zu antworten, der so gern am frühen Morgen küßt.

»Mädchen brauchen nur was fürs Herz? Ammenmär-
chen!« Eva nahm sich nun die Bilderstory über »schöne
Jungs« vor. Farbfotos von Leinwandhelden, die verführe-
risch aus dem Stadtmagazin blickten und sogar noch schöner waren als die nackten Traumboys auf der Bühne.
Sanfte, braune Augen bringen weibliches Blut zum Siede-
punkt, behaupteten fette Lettern im Vorspann. Eva sah in
diese sanften, braunen Augen, die direkt ihren Träumen
entstiegen waren.

Keanu Reeves zum Beispiel. Weicher Blick, nackter
Oberkörper, wo nicht ein Brusthaar ihm die Aura des Un-
berührten nimmt. Bei ihm fließt aus allen Poren Sex wie bei
anderen Schweiß. Eva hatte Keanu in *My Private Idaho*
gesehen, in dem er einen Stricher spielte. Ein langweiliger
Film mit nur einer schönen Szene, in der Keanu mal nicht
mit Männern schlief. Gerne wäre Eva die Frau im Film gewesen, die ihm zeigte, daß Sex nicht nur zum Geldverdie-
nen da ist. In einer Hütte fiel das Licht trüb durch die Schei-
ben, hinter denen sich das nackte Paar im langsamen Tanz
bewegte. Und dieser unschuldige Blick! Er traf Eva an einer
empfindlichen Stelle.

Gibt's den Traummann wirklich nicht?

Doch es gibt ihn, er heißt Keanu Reeves.

Oder Andy Garcia. Der Fünfunddreißigjährige aus dem
Paten III, so behauptete das Stadtmagazin völlig zu Recht,
weckt in jeder Frau die heißesten Gefühle. Andy hat noch

richtige Babybäckchen. Speckige Rundungen, die zum Reinbeißen auffordern. Verwegen fällt eine Haarsträhne über sein rechtes Auge. Die kleine, niedliche Falte über der Nasenwurzel, der einladende Mund. Wer kann da schon nein sagen?

An eine weiße Wand lehnt sich der dunkelhäutige Mario van Peebles aus dem Ghetto-Thriller *New Jack City*. Das T-Shirt zerrissen, als hätten es die eigenen Muskeln zerstört, die rebellieren, wenn man sie einengen will.

Das heiße Kerlchen ist mit seinen fünfunddreißig Jahren Single, verriet die Bildunterschrift, bei diesem Knaben geht's um puren Sex. Überschrift: Das schwarze Powerpack. Dieses Powerpack trägt kurze Hosen und ballt die Faust verdächtig nah an seiner besten Stelle. Den Kopf nach hinten gebeugt, schreit sein stechender Blick: Wann nimmst du mich endlich?

Während Eva die Augen schloß und die schönen Jungs noch mal einzeln durchging, stürzte sie mit dem Gedanken ab, daß diese Schauspieler ja doch alle schwul waren. Die Schönsten sind immer schwul, wußte Eva aus eigener, schmerzhafter Erfahrung. Sie hatte wirklich nichts gegen Schwule, war aber schrecklich neidisch, weil diese aufregenden Männerkörper unter sich bleiben wollten.

Oft reichte Eva schon der Anblick von schönen Menschen. Mehr brauchte sie dann nicht. In der Disko stand Eva manchmal stumm an der Bar, sammelte auf der Tanzfläche hübsche Gesichter ein, die sie nur in Gedanken an sich riß. Eva wärmte sich an ihren heißen Blicken. Das Leuchten dieser wohlgeratenen Körper hellte auch sie ein wenig auf. In der Disko fühlte sich Eva schon immer wohl, weil sie dort Gleichgesinnte treffen konnte. Ohne Worte war man sich total nah. In Rockmusik eingeschweißt. Und der ganze Ärger des Tages kam nicht durch. Mit fünfzehn hatte sich Eva nur am Samstag abend wohl gefühlt, in der schlechten Luft des Beatkellers. Unter dem Kindergarten hatte der evangelische Jugendklub sein Reich. Blechern schepperte die Musik aus billigen Boxen. Doch Eva und ihre Freunde bemerkten die schlechte Qualität der Anlage gar nicht, darauf kam's nun wirklich nicht an.

Let the sunshine in. *Wir schreien jedes Wort mit und stampfen unseren ganzen Frust in den Boden. Das Lied aus dem Musical* Hair *(der Film flimmerte damals gerade durch die Kleinstadtkinos) erklärt uns die Welt. Und diese Welt ist Millionen Lichtjahre von der Welt unserer Eltern entfernt. Die können sowieso nicht verstehen, warum der Beatkeller so wichtig ist. Da könnt ihr ja gar nicht atmen! Die Kleider stinken noch tagelang nach Rauch. Ist überhaupt noch Sauerstoff in unserem Keller? Wahrscheinlich knutschen deshalb Martin und Helga pausenlos. Auf der Tanzfläche kleben ihre Münder stundenlang zusammen. Sie hängen aneinander, als wäre der Mund des anderen das Sauerstoffgerät. Zwei Taucher, im Rausch der Tiefe. Erst wenn sie wieder nach oben schwimmen, erst wenn sie spät am Abend nach Hause gehen, können ihre Münder wieder voneinander lassen.* Let the sunshine in. *Naßgeschwitzt schreien wir jedes Wort mit. Das Hemd klebt, die Haare tropfen. Unsere Gesichter leuchten, weil dieser Sonnenschein in den dunklen Beatkeller sticht. Wir gehören zusammen, keine Macht der Welt wird uns jemals wieder trennen. Die Sonne, die gehört uns. Nur uns. Unser Privatbesitz.*

Mit Rosa und Sabrina, die ihre Mitbewohnerinnen waren, aber eigentlich nicht ihre Freundinnen, ging Eva manchmal in die Schwulendisko, dort gab es besonders viele, die aussahen wie die schönen Jungs aus dem Stadtmagazin. Wenn Rosa und Sabrina tanzen wollten, dann nur in der Schwulendisko. In andere Diskos konnte man am Samstag abend sowieso nicht gehen, die waren voll bis an den Rand, die liefen über. Samstags hatten ja die »Landeier« Ausgang, wie Großstädter die Besucher aus der Provinz abschätzig nannten. Die wahren Szenegänger verdrückten sich, da

half nur eines: Stadtflucht! Samstag abends, wenn tanz-
wütige Teennies aus noch so kleinen Nestern die Großstadt stürmten, kamen ihnen Falschfahrer entgegen. Raus
aufs Land, wo der fade Tanzschuppen hilflos hippt und
hoppt. Hauptsache weg, von der Herde weit weg – oder
eben in die Schwulendisko.

»Dort wird man auch nicht angemacht«, so begründeten
Evas Mitbewohnerinnen ihren Voyeurismus. Nicht mal
unauffällig beobachteten die Frauen, wie sich die Männer
gegenseitig betörten und abschleppten. Das schien so un-
kompliziert, so selbstverständlich, wie's in der Hetero-Welt
nie möglich war. Ein kurzes Augenzwinkern reichte, schon
fanden sich zwei Menschen, um eine heiße Nacht miteinander zu verbringen. Vielleicht, dachte Eva manchmal,
sind Rosa und Sabrina ja selbst lesbisch und fühlen sich
deshalb so wohl in der Welt der gleichgeschlechtlichen
Liebe. Aber so sicher wußte sie das nicht, weil sie von ihren
Mitbewohnerinnen im Grunde nur die Namen kannte. In
der Stadt leben mehr Schwule, als sie wahrhaben will. So
viele Schwule wie Wähler der Grünen, und das sind ja
schon viele. Während es in jeder besseren Familie mindestens einen Grünen gibt, von dem alle wissen, gibt es in
denselben Familien mindestens einen mit schwuler Nei-
gung, doch keiner weiß davon. Könnten die Hausfrauen
ahnen, wer für sie am Vormittag Udo Jürgens oder Mireille
Mathieu im Radio auflegt, wer ihnen beim Staubsaugen
was vorsäuselt, dann würden sie nie mit einer solchen Ver-
achtung über »die vom anderen Ufer« sprechen. Die drei
Moderatoren, die sich die Wunschsendung teilen, gehören
dazu. Der Schwarm aller Hausfrauen – stockschwul.

Eva wußte Bescheid, weil ihre Journalistenkollegen immer darüber sprachen. Evas Zeitung kam zwar in einem
kleinen Dorf heraus, etwa 20 Kilometer von der Großstadt
entfernt, in der sie lebte, aber sie kannte die Kollegen der
großen Zeitungen, die sie mit Klatschgeschichten aus dem
Funkhaus bestens versorgten. Eva wollte gerade aufstehen,

um sich noch mal mit Sonnenöl einzuschmieren, da klingelte wieder das Telefon. »Hallo, hier ist Andy«, sprach eine leise Stimme.

Andy. Ihre alte Liebe, diese Romeo-Attrappe, mit der sie abwechselnd Himmel und Hölle erlebt hatte. Jener fleißige Seitenspringer, ein Fan der guten Regie.

»Hallo Andy, was willst du?« Eva klang ärgerlich. Sie hatte ihm doch verboten, sich wieder bei ihr zu melden. »Ich dachte, ich ruf' dich mal wieder an«, flüsterte Andy, »wie geht's dir?«

»Bestens«, log Eva, »und dir?«

»Schlecht, total mies.«

Eva überlegte. Will er mich nun mittels Mitleid zurückerobern? Schließlich war Andy ja mehrfacher Lügen-Weltmeister.

»Können wir uns mal wieder sehen?« flehte Andy und nuschelte so undeutlich, daß sie ihn kaum verstehen konnte.

»Andy, du weißt, ich will nicht mehr. Laß mich in Ruhe.«

»Bitte leg' jetzt nicht auf. Ich weiß nicht, was ich mir sonst antue.«

Aha, dachte Eva, seine Drohungen sollen mich erweichen. Doch sie nahm sich vor, stark zu bleiben.

»Andy, bitte. Ich hab' dir versprochen, daß ich mich melde, wenn ich soweit bin.«

»Wir haben uns doch schon vor einem halben Jahr getrennt.«

»Aber du hast seitdem hundertmal angerufen.«

»Übertreib' nicht so. Du weißt doch, wie wichtig du mir bist.«

Ja, genau, dachte Eva, das habe ich gemerkt. Ich war dir so wichtig, daß du mich gleich mehrfach betrogen hast. Es hatte lang gedauert, bis sie ihn durchschaut hatte und wußte, warum er Abwehrmauern baute und sie nicht richtig an sich heranließ. Typisches Männerverhalten, dachte Eva damals. Schon ihr Vater hatte sich hinter diesen

Mauern verschanzt. Seine Gefühle blieben ein streng gehütetes Geheimnis, zu dem nicht mal Evas Mutter Zugang hatte. In dem Leben des korrekten Bankmanagers kam erst die Karriere, dann Karriere, Karriere, wieder Karriere und irgendwann mal das einzige Kind. Die Sucht, aus seinem Berufsleben ein Meisterwerk zu machen, zog alle anderen Energien ab. Zurück blieb nur Härte, absolute Härte, die alle Emotionen zermalmte. Ein Mann auf der ständigen Flucht vor Nähe. Ein Meister der Minimalmimik, nur kein Lächeln zuviel. Die zu Fleisch gewordene Selbstkontrolle. Immer alles unter Kontrolle – selbst wenn er sich mal freute, war nichts davon auf seinem Gesicht zu sehen.

Die Waldspaziergänge, Eva wird sie nie vergessen.

Der Vater, abwesend, selbst an diesen Sonntagen im Grünen, obwohl er mitmarschiert: Aber einige Meter vorne weg, in Gedanken versunken, unerreichbar. Was denkt der nur? Auf dem Spielplatz hockt der Vater auf der Bank wie alle Väter. Ich schaukle besonders mutig, nur für meinen Vater, das müßte ihn doch imponieren. Wenn nicht, dann soll er wenigstens Angst um mich haben! Doch der Blick des Vaters ist so leer wie immer, er schweift ohne Ziel in den Wald, von der Schaukel weg, weg von mir. Jetzt gehen wir, sagt die strenge Stimme des Vaters. Und schon ist wieder einer dieser Waldspaziergänge beendet. Viel zu früh. Jeden Baum im Wald kenn' ich besser als meinen Vater.

Ein Mann auf der ständigen Flucht vor Nähe. Seine eigenen Gefühlsregungen lagen ihm ferner als die Sonne. Genau wie Andy. Warum mußten Frauen immer an Männer geraten, die eine verkorkste Kopie des Vaters waren? Auch Andy blieb unerreichbar. Seine Gefühle hatten sich in einem Labyrinth verschanzt, dessen Irrwege mit spitzen Nägeln gespickt waren. Eva trug schwere Verletzungen davon, wenn sie nach Andys Gefühlen suchte. Noch mehr schmerzten aber seine Seitensprünge. Andys Regie war so schlecht, daß Eva was ahnen mußte, auch wenn Andy natürlich nichts erzählte. Sie hatte ja den Schlüssel für Andys Wohnung. Eva wird dieses Wochenende nie vergessen, den Anfang vom Ende.

Den ganzen Samstag hat er sich nicht gemeldet. Er läßt mich mit seinem Anrufbeantworter allein. Beim ersten Anruf spreche ich noch was Nettes drauf, und dann, es folgen mindestens noch fünfzehn Anrufe, wird schnell aufgelegt. Am Sonntag morgen, schon wieder dieser doofe Anrufbeantworter. Schläft Andy noch? Will er nicht ans Telefon? Oder ist er gar nicht da? Ist womöglich was passiert? Ein Unfall, ein Unglück? Ich spüre, es ist was passiert. Aber Andy, das weiß ich, hat sich nicht verletzt, nein, er wird mich verletzen. Manchmal hat man so eine Vorahnung. Es tut schon weh, bevor man alles weiß. Am Mittag fahre ich zu seiner Wohnung, klingle erst, schließe die Tür auf. Die Wohnung ist leer, das Bett unberührt. Andy hat nicht darin geschlafen. Wenigstens hat die andere nicht meinen Platz in Andys Bett eingenommen, den Platz auf der linken Seite. Ein schwacher Trost. Auf dem Anrufbeantworter, den ich nun abhöre, auf der Suche nach Beweisen, meldet sich Andys Mutter. Sie lädt uns beide zum Essen ein. Andy, bring' deine nette Freundin mit! Die Mutter verehrt mich mehr als ihren Sohn, sie wünscht sich so sehr, daß wir heiraten. Kann man so einen überhaupt heiraten? Ich entferne mich von der Wohnung, ohne Spuren zu hinterlassen. Erst am Montag meldet sich Andy bei mir, behauptet, er habe am Wochenende zu seiner kranken Mutter müssen. Plötzlich sei sie krank geworden. Ich wollte dich anrufen, aber bei dir ist niemand drangegangen. So eine bescheuerte Lüge. Warum fällt dir keine bessere ein?

Derartige Wochenenderlebnisse wiederholten sich, und Eva beendete nach mehreren häßlichen Auseinandersetzungen die Freundschaft. Endgültig. Damit war bereits der zweite Versuch gescheitert, denn ein Jahr zuvor hatte sie schon mal mit ihm Schluß gemacht, um wenig später reumütig zurückzukehren, weil sie es nicht geschafft hatte, ihre Gefühle für ihn zu beerdigen. All die unvergeßlichen Erlebnisse mit Andy, natürlich nur die schönen, tanzten noch immer in ihrem Kopf umher. Man konnte sie nicht fassen, um sie dann zu zerknüllen und in den Papierkorb zu werfen. Nach dem zweiten Fehlversuch wollte sie stark sein und verbot Andy, sich bei ihr zu melden. Tschüß, ade, *for ever*.

Der Fall schien klar. Andy, der eiskalte Betrüger, er war der Schuft, der die Beziehung erdrosselt hat. Trotzdem, Eva suchte die Schuld bei sich. Bestimmt habe ich ihn mit meiner bescheuerten Eifersucht erst in die Arme der anderen getrieben. Ich hätte locker drüberstehen müssen. Immer hatte ich Angst, alles falsch zu machen, und dann habe ich wirklich alles falsch gemacht. Meine Unsicherheit ging ihm auf den Geist. Eva folterte sich selbst mit Vorwürfen. Männer sind empfindlich, sie brauchen Bestätigung und zugleich diesen ominösen Freiraum. Nichts hatte sich Eva mehr gewünscht als eine harmonische Freundschaft. Die Harmonie, die es früher in der Familie schon nicht gab, sollte mit Andy hundertfünfzigprozentig gelingen. Ein Meisterwerk der Harmonie eben, das jedoch ein Trugbild ist. So was gibt's nicht, selbst bei der größten Liebe nicht. Wer zu viel erwartet, wartet vergeblich. Erst wenn sich zwei Liebende vom Paradies verabschieden, kommen sie gut miteinander aus. Dieser Satz stammte von Monika, es war die Lehre ihrer Therapie. Eva wußte, daß ihre Illusionen bei Andy nicht gut aufgehoben waren. Es hatte keinen Sinn mehr. Tschüß, ade, *for ever*. Zunächst war trotzdem ein bißchen Zuneigung zurückgeblieben. Richtig böse wurde Monika, wenn Eva von ihren Gefühlen zu Andy erzählte, die sich lange hielten wie ein hartnäckiger Husten.

Doch dieser Husten war jetzt ausgeheilt. Eva spürte es nun, als Andy anrief. Sie empfand nichts mehr für ihn.

»Eva, ich will dich treffen, weil ich dir was Wichtiges sagen muß.«

»Dann sag's doch jetzt, Andy.«

»Das geht nicht am Telefon.«

»Willst du mir etwa schon wieder sagen, daß du mich liebst? Willst du wieder mit mir zusammen sein, während du gleichzeitig eine nach der anderen abschleppst?«

»Ach Eva, das ist doch alles vorbei. Ich bin ganz anders geworden. Du kannst dich davon überzeugen. Wann treffen wir uns?«

»Wir treffen uns nicht.«

»Na gut, dann ruf' ich eben einen Kollegen von dir an. Ich hab' nämlich eine ganz heiße Geschichte.«

»Heiße Liebesgeschichte, was?«

»Quatsch, diesmal geht's um was ganz anderes. Ich hab' einen Skandal für dich, für die Zeitung. Du kommst ganz groß raus. Das ist der absolute Hammer!«

»Was für ein Hammer?«

»Laß uns treffen, dann werde ich dir alles sagen.«

Hatte sich Andy einen neuen Trick ausgedacht? Eva blieb skeptisch, war aber zugleich neugierig.

»Du weißt, der Mayer, mein Chef. Das ist ein Schwein. Jetzt hab' ich den Beweis!«

Eva kannte diesen Mayer von unzähligen Gesprächen mit Andy. Andys Frust im Büro war immer groß gewesen. Mayer war Chef des Wohnungsamtes, in der Gemeinde, in der Evas Zeitung herauskam. Ein energischer Mann, der daheim bestimmt im Kühlschrank schlief. Die Natur hatte darauf verzichtet, ihn mit Gefühlsregungen auszustatten, dafür hatte er die doppelte Portion an Strenge bekommen. Keiner konnte ahnen, ob er sich gerade freute oder ärgerte. Mayer blieb konstant kalt. Dieser Eisberg taute nie auf.

»Was für einen Beweis hast du?« fragte Eva.

»Der Mayer ist bald dran. Wenn das herauskommt, muß er vor Gericht.«

»Was soll herauskommen?«

»Er läßt sich bestechen. Ich bin ihm auf die Schliche gekommen. Treffen wir uns, dann bring' ich alle Unterlagen mit. Das wird die Story. Du bekommst einen Jounalistenpreis und hast endlich mal eine Geschichte, um dich beim *Stern* zu bewerben.«

Andy kannte die schwache Stelle seiner früheren Freundin, die ihm früher ja oft genug was vorgeheult hatte, weil ihr Provinzblatt sie nur nervte.

»Von wem läßt er sich bestechen?« fragte Eva.

»Von Ausländern, die eine Wohnung suchen«, antwortete Andy, »wenn sie ihm Geld geben, stuft er sie in der Notfallkartei einfach höher ein, dann können sie schneller damit rechnen, eine Sozialwohnung zu bekommen.«

»Das gibt's doch nicht! Woher weißt du das?«

»Ein Türke wollte auch mir tausend Mark geben und hat sich gewundert, daß ich ihn blöd angeguckt habe. Mein Chef würde das Geld doch auch immer nehmen. Bakschisch sei in der Türkei doch normal. Wenn wir uns treffen, erzähle ich dir alles.«

»Also gut, wir treffen uns. Aber wir reden nur über den Mayer. Nicht über uns. Versprochen?«

»Versprochen«, jubelte Andy, und seine Stimme gewann wieder an Stärke. Eva verabredete sich mit Andy bereits für den nächsten Abend im Abwärts.

Andy. Was hatte sie seinetwegen geheult. Das Leben war grausam, doch am grausamsten war er. Übelkeit überkam sie, wenn sie daran dachte. Bis Eva den klaren Schlußstrich ziehen konnte, ließ sie sich erniedrigen und demütigen. Die anderen Frauen, so wollte er ihr immer weismachen, spielten keine Rolle. Er liebe doch nur sie. Und dennoch schien es ihm nichts auszumachen, wenn er den Schmerz, den er ihr zufügte, beständig steigerte, wenn er die Folterschrauben immer weiter anzog. Dann ließ er sie am Wochenende sitzen und hielt schlechte Ausreden bereit, um sich heimlich mit irgendeiner zu treffen. Wahrscheinlich führte er die anderen Frauen in dieselbe Folterkammer.

Eva dachte an ihre Abschiedsworte, die treffender hätten nicht sein können.

»Das Leben ist grausam, doch am grausamsten bist du.« Der Andy, der vorhin am Telefon mit leiser Stimme sprach, war ein anderer Andy. Was war passiert? War dieser verzweifelte Romeo-Versuch bei einer seiner Seitensprünge so tief gestürzt, daß er sich dabei schwer verletzt hatte?

Verdient hätte er es ja, dachte Eva gehässig und ärgerte sich, weil plötzlich wieder alte Wunden aufplatzten, von denen sie dachte, sie seien längst verheilt. Noch immer fühlte sie sich gedemütigt, wenn sie an die Zeit mit Andy zurückdachte. Dieser Panzer, den Andy um sich gelegt hatte, bestand aus Stacheln, die sich bei jeder Umarmung in ihr Fleisch bohrten. Eva dachte an den Baum, den sie auf Monikas Wunsch mit Bleistift malen mußte, nachdem sie mit Andy endlich Schluß gemacht hatte. Monika hatte das von ihrer Therapeutin gelernt.

Ein Baum mit vielen Ästen, üppig und gut gewachsen. Zu jedem Ast muß ich Dinge schreiben, die mir in einer guten Partnerschaft wichtig sind. Ein Ast steht für Vertrauen, einer für Geborgenheit, ein anderer für befriedigende Sexualität, ein weiterer für gute Gespräche, dann gibt es noch Äste für Offenheit, für Liebe ohne Worte, für Pflichtbewußtsein, für Treue und für vieles mehr. Nun muß ich die Äste ausradieren, die in der Beziehung mit Andy fehlen. Ein kahler Baumstamm starrt mich an. Ein abgestorbenes Stück Holz, gerade gut genug, um es zu verbrennen. Warum ist dieses Stück Holz noch immer ein Prügel, der auf mich einschlägt? Warum bleiben diese alten Geschichten nicht dort, wo sie hingehören? In der Vergangenheit, weg damit, weg!

Eva legte sich wieder auf den Balkon. Und plötzlich nervte sie die Sonne, die viel zu heiß war. Diese Hitze hielt ja niemand aus.

Also kehrte sie zurück ins Wohnzimmer und griff nach

dem Telefon, wie sie es immer machte, wenn es ihr komisch ging. Mindestens einmal täglich. Wie gut, daß es Monika gab, ihre beste Freundin, deretwegen die Telefonrechnung kaum zu bezahlen war.

Für den Gesprächsbeginn gab es nur zwei Möglichkeiten. Entweder erzählte Monika heulend, daß sie gerade mit Bernd Schluß gemacht habe, oder aber voller Freude, daß beide es noch ein letztes Mal versuchen wollten. Diesmal hatte sich Monika für die zweite Alternative entschieden.

Nach diesem Auftakt steuerte Monika stets auf ihr zweites Lieblingsthema. Ihre Therapie.

»Am Dienstag ging's um mein gestörtes Verhältnis zu meinem Vater«, berichtete Monika, »alle Frauen, die nicht mit Männern klarkommen, hatten in ihrer Kindheit ein gestörtes Verhältnis zu ihrem Vater, zu ihrem ersten Mann.«

Monika hatte ihrer Therapeutin eine Frage beantworten sollen, auf die sie keine Antwort fand.

Wenn sie einen Wunsch an ihren Vater frei habe, was würde sie sich von ihrem Vater wünschen? hatte die Therapeutin wissen wollen.

»Du glaubst es nicht, mir ist nichts eingefallen! Nichts, einfach nichts! Was hättest du gesagt?«

Auch Eva mußte eine Weile überlegen.

»Ich würde mir wünschen, daß er sich endlich mal öffnet und mir seine geheimsten Wünsche verrät.«

Eva kannte ihren Vater seit siebenundzwanzig Jahren, doch richtig kennengelernt hatte sie ihn nie. Der Vater kümmerte sich ja vor allem um seine Karriere bei der Bankfiliale, war selten daheim, weil ihm Überstunden offenbar besser gefielen als seine Familie daheim. Er konnte perfekt Bilanzen lesen, aber nicht die Gedanken seiner Tochter. Eva hatte Mitleid mit ihrer Mutter, die mit einem Mann zusammenleben mußte, der sie demütigte, indem er seine Familie wie ein lästiges Anhängsel hinter sich her schleppte. Nur bei Familienfesten spielte der Vater eine perfekte Wiesind-wir-doch-glücklich-Rolle. Den Verwandten sollte es schwindlig werden vor Neid, weil seine glückliche Familie harmonisch zusammenhielt. Daß diese Harmonie empfindliche Risse hatte, wußten nur Eva und ihre Mutter, doch auch sie sprachen mit den Onkels und Tanten nicht darüber, die wahrscheinlich das gleiche Versteckspiel spielten.

Der Vater meiner Kinder muß mal anders werden, hatte sich Eva immer gesagt – und lernte doch nur Männer kennen, die ihrem Vater glichen. Wie nur konnte man dieses bescheuerte Naturgesetz ausschalten, wonach eine Frau den Kampf mit ihrem »ersten Mann« immer und immer wieder aufnimmt?

»Was machst du heute noch?« fragte Eva.

»Ich werde mit Bernd ein bißchen über unsere Zukunft reden. Vielleicht sollten wir doch heiraten und Kinder kriegen«, überlegte Monika.

»Morgen willst du dich ja doch schon wieder von ihm trennen«, wußte Eva und lachte.

Monika lachte mit. Sie konnte über sich selbst lachen, ein erster Erfolg der Therapie.

»Andere Paare spielen abends Karten«, meinte Monika, »wir haben eben unser eigenes Spiel.«

Eva kannte dieses Spiel und hatte langsam genug davon. Das ewige Sollen-wir-uns-trennen-oder-doch-nicht-Spiel. Ein Spiel ohne Sieger, nur mit Verlierern. Das war das moderne Mensch-ärgere-dich-nicht-Spiel für aufgeklärte, in langen Therapiesitzungen geschulte Paare von heute. An diesem Abend wollte es Eva ihrer besten Freundin endlich mal sagen.

»Jetzt mach' endlich mit dem Bernd Schluß und laß' mich mit diesem dummen Spiel in Ruh. Wenn du ständig an deiner Beziehung zweifelst, dann bringt's die doch nicht!«

Monika wurde ganz still am Telefon.

»Aber so schlimm ist Bernd doch auch wieder nicht!« behauptete sie.

»Okay, dann bleib mit ihm zusammen und labere mir nicht unentwegt die Ohren voll, daß du dich von ihm trennen willst«, sagte Eva, und ihre Stimme klang vorwurfsvoll. »Du mußt dich endlich mal entscheiden, und zwar endgültig. Merkst du nicht, wie deine fortwährende Unentschlossenheit nur nervt? Das verbiete ich dir jetzt, daß du mir noch mal was von deinen Trennungsabsichten erzählst!«

Eva durfte mit ihrer Freundin hart umgehen, als beste Freundin war sie dazu verpflichtet. Eine Freundschaft ist nur dann wirklich gut, wenn man sich die Meinung sagt, schonungslos und offen. Wer der besten Freundin nicht hin und wieder Schmerzen zufügt, ist keine.

»Aber wenn ich mich jetzt von Bernd trenne, bin ich doch ganz allein«, gab Monika zu bedenken.

»Ich bin auch allein, und das ist wirklich gut«, sagte Eva. In diesem Moment war sie wirklich überzeugt davon. Es würden schon wieder andere Zeiten kommen.

Zeiten der Sehnsüchte.

Alles zu seiner Zeit. In jedem Menschen schwingen verschiedene Gefühle, die um die Macht kämpfen. Mal liegt das eine, mal das andere Gefühl vorne. Mal überwiegen die Träume, mal der Realitätssinn. Evas Verstand versuchte ihr einzureden, daß dieses Männerdrama mal eine Pause brauchte. »Die Liebe klebt«, sang Herbert Grönemeyer. »Worte wie Watte, in Harmonie eingeschweißt.« Eva flüchtete sich immer in Lieder, um eine Erklärung für ihr Leben zu finden. Doch es gab halt auch Lieder, die Lust auf die Liebe machten. Rio Reiser zum Beispiel. »Du bist heiß, du bist alles, was ich will. Du bist alles, was mir fehlt. Und heut fehlt mir reichlich viel.«

10

An diesem Samstag vormittag spazierte Boris durch die Fußgängerzone, die leer war wie sonst nur beim Länderspiel der deutschen Fußballmannschaft – kein Wunder bei diesem schönen Wetter. Wer nicht einkaufen mußte, ging ins Freibad. Boris hatte aber keine Lust, sich auf überfüllten Freibadwiesen zwischen schwitzende Leiber zu zwängen.

Vor dem Eisverkäufer standen die Menschen in einer langen Schlange wie die Russen vor dem Bäckerladen. Boris lauschte einem Gitarristen, der sich schon mit seinen ersten drei Griffen, die er kaum beherrschte, als Straßenmusikant fühlte. *Blowing in the wind*, schrie er ohne jedes Gefühl für dieses schöne Lied. Armer Bob Dylan, wie oft bist du schon so beleidigt worden? Dabei war der Gitarren-Abc-Schütze eine willkommene Abwechslung zum bolivianischen Einheitsbrei, der überall die Fußgängerzonen verklebte. Boris lief an diesem Samstag gleich an drei Panchotrachtengruppen vorbei, die alle »El Condor Pasa« darboten. Wahrscheinlich ist Bolivien irgendwann mal ganz ausgestorben, weil die gesamte Bevölkerung in europäischen Fußgängerzonen die immer gleichen Flötentöne bläst.

Boris interessierte sich nun für die Auslagen eines Geschenkartikelgeschäfts. Für wen wollte er ein Geschenk kaufen? Im Schaufenster stand ein Spiegel, und nur der war der Grund, warum Boris näher herantrat. Seine Igelfrisur stimmte. Schöner Tag heute, was? Wenige Meter weiter kauerte ein junger Mann auf dem Boden, vor sich eine Schachtel mit Geld. Der sah gar nicht aus wie ein Haftentlassener, sondern eher wie Mamas Liebling. Ordentlicher Haarschnitt, korrekter Scheitel. Das dicke Glas seiner Hornbrille vergrößerte die weitsichtigen Augen zu Froschaugen. Die unreine Haut war Humus für Pickel.

Mit einer krakeligen Schülerschrift hatte er ein Stück Pappe vollgeschrieben. Boris dachte, jetzt die Begründung dafür lesen zu können, warum Mamas Liebling betteln mußte. Erst jetzt erkannte Boris, daß dieser Bettler gar keiner war. Ganz im Gegenteil. Denn die Krakelschrift auf der Pappe forderte die Passanten auf, Geld aus der Schachtel zu nehmen.

»Nehmen Sie, was Sie brauchen. Ich brauche nichts, denn ich habe *Gott*. Wer gibt, dem wird *Er* geben.«

Nicht schlecht, dachte Boris, Zigarettengeld könnte ich gut gebrauchen. Doch in der Schachtel lagen nur Fünfer, Zehner und Pfennigstücke.

Seine Neugierde wurde mit einer Predigt über den lieben Gott und die böse Welt bestraft. Der Bursche hatte sich erhoben, um Boris zu bekehren. »Nimm, mein Sohn, ich brauch' das alles nicht mehr. Geld spielt keine Rolle, wenn ER dir begegnet ist. Sei mutig und öffne dich für IHN.«

Warum nennt mich dieser Milchbubi »mein Sohn«? Boris hatte keine Lust auf die Saulus-Paulus-Geschichten, die er zu gut kannte. Er wollte nicht hören, wie ein Blinder plötzlich sehen konnte, wie eine Nutte zur Nonne konvertierte. Schnell lief er fort, ohne ein Wort zu sagen. Der pickelige Nachwuchspriester hatte ja bereits genug Opfer um sich. Brave Kleinbürger, die im feinen Sonntagsstaat die Bannmeile des guten Geschmacks abliefen. Bevor sie nun gierig Pfennige aus der Schachtel des falschen Penners fischten, hatten sie sich von Schaufenster zu Schaufenster geangelt und fachmännisch die aktuelle Sommermode kommentiert. Meist waren diese Kommentare vernichtend ausgefallen, na ja, als Träger von weißen Socken verstanden sie ja auch was davon. Auch ihre Goldketten zeugten für Kompetenz in Sachen Mode. Alles, was nicht mit dem Etikett »Sonderangebot« versehen war, konnte ja nichts sein. Das ganze Jahr über akzeptierten sie nur Sommerschlußverkaufspreise und fühlten sich deshalb von diesem Jesus-Jüngling verstanden, der ihre Lebensdevise getroffen hatte: »Wir geben nichts, wir nehmen nur.«

Es war schon kurz vor 14 Uhr. Wie immer kaufte Boris in letzter Minute im Supermarkt ein und ging dann schnell nach Hause. Auf dem Heimweg lief ihm eine schwarze Katze über den Weg.

Dem Katzenhasser brachte sie diesmal Glück. Denn der Briefträger hatte Post vom Stadtmagazin mitgebracht, die, wie Boris ausgerechnet hatte, ja auch längst überfällig war.

Na also. Ein dicker Umschlag, ganz wie erwartet, den er noch im Treppenhaus öffnete und dabei fast vor Freude an die Decke sprang. Fünf Briefe waren drin, nicht schlecht für den Anfang.

Im Nu hatte er sie alle geöffnet. Nur eine Frau hatte ein Foto geschickt, was sie besser nicht hätte tun sollen. Ihr Äußeres schlug zu ihren Ungunsten aus. Boris wußte, daß er ihr nie antworten würde. Er wollte keine Freundin, die er immer verstecken mußte. Boris suchte eine hübsche Frau, das hebt das eigene Prestige. Also blieben noch vier Briefe übrig.

Aus einem fischte er eine Fotokopie. Diese Frau hatte wohl allen Chiffre-Nummern geantwortet und sich gar nicht erst die Mühe gemacht, ihnen einzeln zu schreiben. Ihr Brief war ein Bewerbungsschreiben mit handgeschriebenem Lebenslauf. Nichts für ihn.

Mein Gott, das darf doch nicht wahr sein! Brief Nummer drei – Iris! Schon wieder Post von seiner Ex-Freundin, die immer bellte, wenn sie BORIS! rief. Erst vor ein paar Tagen zu seinem Geburtstag hatte die kleine Iris diesen bitterbösen Brief geschrieben. Und diesmal, nur sanfte Flötentöne. Wie konnte sie auch wissen, daß ausgerechnet er dieser heißbegehrte Wachküsser ist. »Ich bin eine süße Kuschelmaus«, las Boris, »attraktiv, gutaussehend, immer gutgelaunt.«

Eines kann sie ja wirklich gut, dachte Boris, wunderbar lügen. Endlich wußte er, warum sie so klein war. Paß' nur auf, sonst werden deine Beine noch kürzer! Auch ihr Brief war ein Fall für den Papierkorb.

Blieben nur noch zwei Briefe übrig. Boris hielt nun eine Karte in der Hand, auf der auch nur zwei Sätze standen. Die kunstvoll geschwungene Schrift gefiel ihm. »Mich kannst du nie am Morgen wachküssen. Wenn ich bei dir übernachte, kommen wir nicht zum Schlafen.«

Boris freute sich. Von dieser Frau, die nicht mal ihren Namen verriet, fühlte er sich verstanden. Unter den beiden

Sätzen entdeckte Boris eine kleingeschriebene Telefonnummer, die er sofort wählte.

»Kein Anschluß unter dieser Nummer.«

Nach dem fünften Versuch brach er enttäuscht ab.

Verdammt noch mal! Die Frau, die ihm den Schlaf rauben wollte, hatte wohl vor Aufregung die falsche Telefonnummer aufgeschrieben.

Eine Sonja erklärte ihm umständlich auf vier Seiten ihr verkorkstes Leben. Der Brief endete mit dem längst nicht mehr orginellen Vorsatz, daß beim nächsten Mann alles anders werde. Boris wußte nicht so recht, ob er sie anrufen sollte. Vielleicht, aber noch nicht gleich. Enttäuscht warf Boris die Post in die Ecke und entdeckte braune Blätter an seiner Palme. Schon wieder. Boris konnte seine Pflanzen so oft gießen, wie er wollte, sie überlebten nicht. Vielleicht brauchte er jemand, der sich liebevoll um seine Pflanzen kümmerte. Eine Frau.

Boris fühlte sich selbst wie eine Palme, die braune Blätter herunterhängen ließ. Wenn ich jetzt eingehe, dachte Boris, kümmert sich kein Schwein darum.

11

Das soll Andy sein? Eva hatte ihren früheren Freund, den sie nun schon ein halbes Jahr nicht mehr gesehen hatte, ganz anders in Erinnerung. Nicht so eingefallen. Ihr Hinterhof-Romeo sah aus wie der hoffnungslose Fall aus der Krebsstation. Die Backenknochen waren doch früher nicht so deutlich vorgetreten. Blaße Gesichtsfarbe, die dünnen Haare hingen schlaff herunter, keine Spur mehr vom frechen Schnitt, den er sich damals noch vom ausgefallensten Friseur der Stadt besorgt hatte. Sein einst so offener Blick wirkte scheu. Der Geknickte sah Eva aus rotgeäderten Augen an und konnte nur wenig von der Freude zeigen, die er tatsächlich empfand.

»Hallo!« Andy blieb vor ihr stehen und überlegte sich wohl für einen Moment, ob er sie umarmen sollte. Er getraute es sich anscheinend doch nicht und zuckte nervös mit den Schultern.

»Hallo, Andy. Lang' nicht mehr gesehen.«

Eva wußte nicht so recht, was sie sagen sollte. Der Anblick erschütterte sie. Nach all dem, was passiert war, wollte sie aber nicht nach dem Grund für sein Aussehen fragen. Andy war eine Person, die sie nicht mehr interessieren durfte. Sonst hätte sie sich ja gleich mit dem Messer in die Haut stechen können. Andy – das war ein Synonym für Schmerz.

»Ich habe oft an dich gedacht«, fing Andy an, »du auch an mich?«

»Andy, wir wollten doch nicht über uns sprechen. Du weißt, daß wir schon alles gesagt haben, was es zu sagen gibt.«

»Entschuldigung. Eva, weißt du übrigens, daß meine Mutter noch mal geheiratet hat?«

Eva kannte Andys Mutter sehr gut, weil sie ja ständig für beide am Sonntag kochen wollte.

»Wen hat sie geheiratet?« fragte Eva überrascht. Daß es einen Mann im Leben von Andys Mutter gab, hatte sie nie mitbekommen, ja nicht mal für möglich gehalten. »Du glaubst es nicht, einen Religionslehrer.«

Das war deshalb so verwunderlich, weil Andys Mutter nach ihrer Scheidung aus der Kirche ausgetreten war und über die Kirche herzog wie Andy über seinen Chef.

»Was also ist mit diesem Mayer?« fragte Eva nun.

»Er hat die Notfallkartei heimlich verändert. Gegen Bares rutschen die Wohnungssuchenden einfach höher. Der Mayer hat zum Beispiel bei diesen zahlenden Ausländern ›Hausfrau‹ als Beruf der Ehefrau eingetragen, obwohl sie mitverdient. Und er hat noch einige Kinder dazuerfunden, denn das gibt Pluspunkte. Je mehr Punkte, desto kürzer die Wartezeit.«

Andy kramte einen Ordner aus seiner Aktentasche.

»Da ist die eidesstattliche Erklärung. Der Türke bestätigt, daß er den Mayer bestochen hat. Er sagt, er sei nicht der einzige. Bei seinen Landsleuten habe es sich längst herumgesprochen, wie man schneller eine Wohnung bekommt. Man muß nur einen Tausender mit aufs Wohnungsamt nehmen.«

»Einen Tausender? Unglaublich! Wer weiß es dann noch außer dir?«

»Niemand!«

»Wann erstattest du Anzeige?«

»Ich wollte erst zu dir gehen und dann erst zum Staatsanwalt. Damit du die Geschichte hast.«

Eva wußte, daß ihr Andy nicht zuviel versprochen hatte. Endlich mal ein Skandal, auf den hatte sie in dem Provinznest schon seit Jahren gewartet. Sie wußte natürlich, daß es diese Skandale geben mußte, gerade in einer so kleinen Stadt. Doch die Bürgermeister, Stadträte und Banker (auch ihr Vater war einer!) steckten alle unter einer Decke und ließen nichts raus.

»Ich gebe dir die Unterlagen, wenn du mir eines versprichst.«

»Willst du Geld dafür? Scheckbuch-Jorunalismus beim Provinzblatt?«

»Nein, kein Geld.«

»Sondern?«

»Du mußt mir versprechen, daß wir uns wieder treffen.« Das war es also. Andy wollte sich die Liebe zurückkaufen. Bescheuerter Kerl. Als du meine Liebe kostenlos haben konntest, hast du gar nicht begriffen, wie hoch ihr Wert ist.

Eva rätselte noch immer. Was war nur mit Andy passiert, warum war er plötzlich so verrückt nach ihr, was sie sich früher sehnlichst gewünscht hatte, aber jetzt nicht mehr.

Andys Lügen erst hatten ihr die Augen geöffnet. Anfangs war sie blind vor Liebe gewesen und hatte daher übersehen, daß der Kerl sie im Grunde nur nervte. Sein übertriebener

Ordnungssinn, sein Geiz, seine nervösen Zuckungen – nein, das war kein Traummann, das war ein Alptraummann.

Eva war inzwischen auch soweit, die positiven Seiten einer Trennung zu sehen. Eine Trennung ist eine unglaubliche Chance. Die Chance zum Neuanfang. Zuerst glaubst du, die Trennung wirft dich nur zurück, doch sie führt dich in Wirklichkeit weit nach vorne, wenn du nur die richtigen Konsequenzen daraus ziehst. Sie macht dich stark, sie verleiht dir Kräfte, von denen du bisher nichts wissen konntest. Das Leben, das ist Veränderung. Du entdeckst ganz neue Qualitäten in dir, du wirst wieder hungrig auf neue Erlebnisse. Wer sich nicht ändert, stirbt langsam ab.

»Was willst du, wenn wir uns treffen?«

»Wenn du so direkt fragst. Du weißt, daß ich ganz wild nach deinem Körper bin.«

Eva wurde richtig wütend. Das ist dir ein paar Monate zu spät eingefallen, mein Junge! Nein, dieser Preis ist zu hoch. Ich bin unverkäuflich, mich kriegst du nie wieder.

»Du bist ja verrückt, Andy. Denkst du etwa, ich geh' wieder mit dir ins Bett, wenn ich die Story kriege? Du bist ja total bescheuert. Hau ab!«

Evas Stimme klang hart, so daß auch Andy erschrak.

»Komm, Eva. So habe ich es nicht gemeint. Du bekommst das Schreiben des Türken, ohne Bedingungen. Aber ich werde ja noch hoffen dürfen, daß du dich wieder für mich interessierst.«

»Jetzt plötzlich? Hast wohl mit den anderen Frauen kein Glück gehabt?«

»Die anderen Frauen haben mich doch nie wirklich interessiert. Ich habe harte Wochen hinter mir, und da habe ich gemerkt, daß ich total bescheuert war. Wie konnte ich dich nur so mies behandeln? Du bist meine Traumfrau, jetzt weiß ich es.«

»Traumfrauen sind nur zum Träumen da!«

Eva wollte mit Andy nicht über Traumfrauen diskutieren. Sie mußte ihm ja nicht auf die Nase binden, daß sie selbst im Wartezimmer saß, um vom Traummann aufgerufen zu werden. Ach ja, mein geliebter Traummann. Gibt's dich wirklich nicht? Der Glaube an ihn, das war ihr Trauma und ihr Drama.

Andy bestellte noch ein Corona, doch Eva wollte gehen. Sie ließ ihn allein im Abwärts zurück und machte, daß sie nach Hause kam. Denn Eva hatte einen Plan. Wenn Andy schon sie nicht verstand, so würde er vielleicht Udo Lindenberg verstehen. Ein Herz kann man nicht reparieren. Wieder so ein Lied, das Eva total aus der Seele sprach. Wie gut, daß manche Sänger genau die Worte fanden, die Eva nur irgendwie fühlte, aber selbst nicht greifen konnte. Wenn Andy nach Hause kommt, wird sein Anrufbeantworter ihm schon zeigen, was Sache ist. Eva hielt den Telefonhörer vor den Lautsprecher, aus dem Udo Lindenberg sang.

»Ein Herz kann man nicht reparieren. Da hilft keine Kur, da helfen Tränen nur. Irgendein' Verkehr will ich mit dir nicht mehr.«

»Merk's dir, Andy«, sagte Eva und legte auf.

Da hilft keine Kur, da helfen Tränen nur. Eva hatte schon genug Tränen wegen Andy vergossen. »Ist das Herz einmal entzwei, ist alles vorbei.«

Eva freute sich. Endlich konnte auch sie mal den Anrufbeantworter benutzen, um Andy zu ärgern.

12

Wenn Boris im Abwärts oder auf Festen glückliche Paare traf oder solche, die danach aussahen, stellte er immer wieder die gleiche Frage: Wie habt ihr euch eigentlich kennengelernt? Den Paaren, ob glücklich oder schon nicht mehr, gefiel die Frage, weil sie ihre erste Begegnung in die Schatztruhe ihrer Seele eingeschlossen hatten. Von diesem ersten

Moment zehrten sie noch heute, jetzt mußten sie Boris was davon abgeben, er wollte was lernen.

Martin, ein alter Schulfreund von ihm, und Ulrike – ihre Liebe begann mit einem Brief. Die beiden verdankten ihre Begegnung einem Freund von Martin, der Ulrike kannte und sie ins Abwärts mitbrachte. Der schüchterne Martin, total von Ulrike begeistert, getraute sich am gleichen Abend noch nicht, seine spätere Freundin nach ihrer Telefonnummer zu fragen. Sein Mund verkrampfte sich und wollte diese wichtige Frage einfach nicht rauslassen. Der Freund war nun die letzte Rettung. Er rückte tatsächlich die Adresse raus! Sofort schickte Martin ihr einen Brief. Der Abend mit ihr, so schrieb er, sei außergewöhnlich gewesen. Er wolle sie bald wiedersehen und bat mit lieben Worten um einen Anruf. Natürlich hat sie angerufen.

Ebenso bewunderte Boris den Mut von Sabine. In der Disko hatte sie einfach ihrem Frank einen Zettel zugeschoben. »Du bist so süß. Ruf mich an!« Natürlich hat er angerufen. Boris kannte die Anmachsprüche, die ja ab und zu in den Stadtmagazinen abgedruckt waren. Beispiele: »Darf ich bitten? Oder wollen wir erst tanzen?« Oder: »Du bist doch die Schwester von Sybille, siehst ja genauso toll aus!« Und: »Dein Gesicht gehört aufs Titelbild von *Vogue*. Ich bin zwar kein Fotograf, möchte dich aber trotzdem entdekken.«

Alles Sprüche, auf die keiner dieser langweiligen Kerle Copyright hatte, denen aber selbst nichts Besseres einfiel. So pirschten die Diskojäger mit diesen Sprachzetteln umher, die sie im zuckenden Dämmerlicht kaum entziffern konnten. Manchmal standen diese Sprüche auch auf dem Klo. Bekanntlich gibt es in jeder guten Diskothek mehr Klosprüche als Getränke auf der Karte. Poesie an der Piß-rinne. Einer fehlte garantiert nie, der gehörte dazu wie die Wasserspülung: »Klosprüche übermalen ist wie Bücher verbrennen.«

Es gab also tausendundeine Variante, sich kennenzuler-

nen. Warum hatte sich Boris ausgerechnet für die Kontaktanzeige entschieden? Hatte er es nötig? Er doch nicht!

Und schon verbrachte Boris eine halbe Ewigkeit in seinem roten Bad. Scharfe Rasur, die Männercreme dick aufgetragen, die Parfümflasche fast leergemacht, eine wahre
Orgie in Gel. Am Nachmittag hatte er sogar eine neue Kon-
dom-Packung gekauft, man weiß ja nie, so ein Treffen
mußte gut vorbereitet sein.

Boris lächelte sich im Spiegel an und begrüßte sein Spiegelbild: »Guten Tag, ich bin der Boris. Und du bist also die
Sonja?«

Er hatte sie also doch angerufen. Sonja, die einzige Frau,
die von den fünf Antworten auf seine Chiffre-Anzeige übriggeblieben war. Am Telefon wirkte ihre piepsige Stimme
ziemlich nervös. Muß man ja verstehen, wenn ER anruft.

Schwungvoll tanzte Boris aus seiner Wohnung, mit dem
Stadtmagazin unterm Arm. Das Erkennungszeichen. Wie
immer kam er zu spät und sah schon von weitem eine alt-
backen wirkende Frau am Brunnen stehen, die das Stadtmagazin umständlich hochhielt. Das war eine Frau, die
sich als Dame fühlte. Graue Jacke, grauer Rock, graue
Maus. Boris wollte auf der Stelle wenden, nichts wie weg.
Erbarmen, zu spät! Sonja hatte ihn entdeckt. Mist, hätte er
nur das Stadtmagazin besser versteckt.

»Guten Tag, ich bin die Sonja. Und du bist also der Boris?« sagte eine Piepsstimme, deren Frequenz so weit oben
lag, daß sie Schwerhörigen bestimmt entging. Warum bin
ich nicht schwerhörig? Boris ärgerte sich, lächelte trotzdem. Bestimmt sehe ich jetzt wieder aus wie ein kleiner
Junge, dachte Boris, und entdeckte bereits mütterliche
Züge um den rotbemalten Mund der Möchtegerndame.

»Und du bist wirklich schon achtundzwanzig? Du siehst
ja aus wie siebenundzwanzig«, scherzte Sonja. Nur sie
lachte darüber.

»Kennst du ein gutes Lokal, in das wir gehen können?«
fragte die graue Maus mit dem mütterlichen Mund. Boris

hätte eigentlich das Abwärts vorgeschlagen. Doch nicht mit dieser Person! Er wollte sich ja nicht vor seinen Freunden blamieren. Also schlug er eine Kneipe vor, in der er ganz bestimmt niemand treffen würde, den er kannte. Genau, da gab's eine Kneipe, die war total out, aber paßte wunderbar, sie hieß »Mausefalle«.

Boris saß also in der Falle. Gewissenhaft studierte er in dieser Kneipe jede Ecke gleich mehrfach, um nicht seiner mageren Anzeigenausbeute in ihre Mäuseaugen sehen zu müssen. Boris wurde immer stiller. Dafür war die piepsige Stimme nicht zu stoppen, gleich würde die ganz nach oben abgleiten. Sonja hielt einen Vortrag über ihr langweiliges Leben, das ja nun schon zweiunddreißig Jahre währte. Über ihre verflossenen Freunde, über ihre Zukunftspläne, über ihre Arbeit (Sekretärin eines Kammerjägers).

Sonja erzählte von ihrer Schwester, von Heidemarie, die noch in diesem Monat heiraten würde. So eine Gemeinheit, die ist viel jünger. Eigentlich sei ja erst sie, Sonja, dran. Wie stehe sie nun da in der Familie? Und was, wenn zuerst Heidemarie Mutter werde? Höchste Zeit also, zwinkerte Sonja Boris zu, daß wir heiraten. Bisher habe sie auf Anzeigen im Wochenblatt geantwortet, vergeblich. Die Millionäre und gutverdienenden Ärzte seien ja immer gleich weg, da habe man als Sekretärin eines Kammerjägers eher geringe Chancen. Das Stadtmagazin erschien ihr als letzter Ausweg. Da würde sie ja doch nur Leute treffen, die irgendwie alternativ seien. Ob er denn auch so alternativ sei? Aber das glaube sie eigentlich nicht, weil sie seine Anzeige ja so romantisch fände. Ja, sie würde sich sehr gern von ihm wachküssen lassen. Ihretwegen auch schon morgen. Sonja hielt ihm einen Vortrag über Küchenschaben, diese widerlichen Biester, von denen ihr Chef schon mindestens zehntausend erlegt hätte. Ob Boris denn schon seine Mehlschublade genauer untersucht habe? Da würden diese Biester drinstecken. Wenn er nach Hause käme, müsse er sofort seine Mehlschublade untersuchen. Boris hatte gar keine Mehlschublade, weil er nie einen Kuchen buk. Von den Küchenschaben kam Sonja direkt auf Sex zu sprechen. »Noch ein heikles Thema«, wie sie es nannte. Man könne ja heutzutage über alles offen reden. Wie denn das bei ihm sei mit seiner »Haltung im Bett«? Man müsse sich alles schon vorher sagen, damit keine falschen Erwartungen entstünden. Also, sie habe ein klares Verhältnis zur Sexualität. Sie sei wirklich keine Kostverächterin, nein, wirklich nicht, aber ihr sei ein opulentes Festmahl wichtiger als Fast food. Lieber so richtig im Bett schlemmen, was ja dann wieder für längere Zeit reiche, als jeden Tag auf die schnelle. Ob Boris das nicht genauso sehe? Ob er auch nichts dagegen habe, wenn sie nur einmal die Woche wolle? Höchstens. So ein feines Menü mit fünf Gängen sei doch viel besser. Vergiß es, dachte Boris, mit dir komm' ich nie in die Gänge.

So wie die aussieht, hätte die nicht mal bei McDonald's eine Chance. Würg! Ein Festmahl soll das sein?

Vielleicht was für ein Abschiedsfest ...

Boris gab Kopfschmerzen vor, er habe einen harten Tag hinter sich. Nichts wie weg hier, raus aus dieser Mausefalle. Er fühlte sich fehl am Platze wie ein Schwuler bei einer Hure. Sie solle nicht böse sein, aber er sei schrecklich müde. Zum Beweis gähnte Boris eine Spur zu kräftig. Vielleicht rufe er ja mal wieder an, log Boris, noch einmal verrenkte er seinen Kiefer. Leider besitze er selbst kein Telefon, behauptete er, als sie seine Nummer mit Nachdruck verlangte. Sonja erwies sich als ein hartnäckiger Fall. Na gut, dann rufe sie halt im Geschäft an. Wie ist gleich die Nummer? Boris wußte sich nicht anders zu helfen, als eine falsche Nummer zu erfinden. Er hatte keine Ahnung, was für eine Nummer sie sich ins Adreßbuch schrieb. Womöglich war es die Nummer einer Nobel-Pizzeria, wo ihr mit ein bißchen Glück der diensthabende Italiener das ersehnte Festmahl verabreicht. Boris aber wäre es schon vor dem ersten Bissen schlecht geworden. Ihm war jetzt schon schlecht. Die Kondompackung hätte er nicht so übereilt kaufen müssen.

Verärgert kehrte Boris nach Hause zurück, wo er sofort den Fernseher anknipste. Mist, war wieder nichts.

Vergeblich hatte er seine ganze Hoffnung auf diese blöde Kontaktanzeige im Stadtmagazin gesetzt.

Vielleicht würde er ja noch mal Post bekommen, ganz bestimmt, dachte Boris, als das Telefon klingelte. Seine Mutter.

»Hallo Boris, schön, daß du auch mal daheim bist. Den ganzen Abend habe ich es schon versucht. Mindestens fünfmal. Warum bist du nie da?«

Seine Mutter ließ ihn gar nicht zu Wort kommen. Sie erzählte ihm ihren Tag, für den er sich wirklich nicht interessierte.

Er hatte andere Sorgen, ihn plagte die Frage, ob erneut Post vom Stadtmagazin käme. Seine Mutter aber redete und redete. Er solle ja nicht vergessen, übermorgen die Großtante anzurufen, die Geburtstag habe. Ihren zweiundsechzigsten. Schon den einundsechzigsten habe er vergessen, und den sechzigsten wahrscheinlich auch, aber daran könne sie sich nicht erinnern, das habe sie vergessen. Ihr Wortschwall zur späten Stunde war nicht zu stoppen. »Du bist ja immer so schrecklich vergeßlich. Warum kannst du dir eigentlich nie was merken? Hast du der Tante Edeltraud auch schon ein Geschenk gekauft? Du kannst ihr ja auch Blumen mit Fleurop schicken. Wenn du nur nicht immer so vergeßlich wärst. Das lernst du aber nie. Jetzt sag' endlich mal was. Warum sagst du nie was? Kein Wunder, daß du keine Frau findest, wenn du immer so schweigsam bist. Das mögen die Frauen nicht.« Erst nach zehn Minuten beendete sie ihren hektischen Vortrag, der nur aus Vorwürfen und Ermahnungen bestand.

Dann kam sie zu ihrem zweiten Lieblingsthema. Katzen. »Was ich dich fragen wollte. Die neue Katze von Arnold hat Junge bekommen. Willst du nicht eines? Ich weiß ja, daß du keine Katzen magst. Aber das Kleine ist schrecklich süß. Wenn es erst mal bei dir ist, denkst du ganz anders über Katzen. Dann bist du auch nicht so einsam.«

»Ich bin nicht einsam«, fauchte Boris, »für Katzen habe ich wirklich keine Zeit.« Mit einem Widerwillen sprach er dieses Wort aus. Katzen.

Boris haßte Katzen. Aber das würde seine Mutter nie verstehen, für die er noch immer der kleine Boris war, viel zu klein, um ohne sie in dieser Welt bestehen zu können. Früher hatte er seine Wut auf die Mutter wenigstens noch in flammende Reden gegen rechts gesteckt. Ihr Sohn, ein linker Dauerdemonstrant, das machte sie so richtig wütend, was ihm bestens gefiel. Wie gut, daß es die Politik gab. Darüber bekamen sich Mutter und Sohn in die Wolle, so mußten sie nicht ihr eigentliches Problem besprechen. Politik, eine willkommene Ersatzbefriedigung, um nicht in die Tiefe ihrer persönlichen Krise eindringen zu müssen. Die besten Kämpfer auf den Demos waren die, die mit ihren privaten Sorgen nicht klarkamen.

Wütend trommelte Boris auf sein Sofa. Bum, bum, bum. Scheiß Sonja! Doofe Mutter! Warum nur fiel er immer auf die Schnauze? Warum zog er Menschen magisch an, die nur eines wollten, ihn nerven?

Sein Schlagzeugsolo auf dem Sofa wurde immer wilder. Bum-Bum-Boris schaltete den Fernseher an, doch er konnte sich nicht mal darauf konzentrieren. Jetzt hatte er wirklich starke Kopfschmerzen und ging mit einem seltsam matten Gefühl ins Bett.

Dieser Tag, das war nicht sein Tag.

Dieses Leben, das war nicht sein Leben.

13

So eine Nacht hatte Boris noch nie erlebt. Erst dachte er, ein fürchterlicher Alptraum habe ihn aus dem Schlaf gerissen. Kurz nach zwei Uhr war er schweißgebadet aufgewacht. Sein Herz fing an zu stolpern. Atemnot trieb ihn ans Fenster, das er sofort aufriß. In tiefen Zügen atmete Boris und fürchtete, der Sauerstoff würde nicht bis in seine Lungen vordringen. Angst überfiel ihn. Ein brennendes Gefühl durchzog seinen zitternden Körper, der Druck auf die Brust war kaum noch auszuhalten. Sein Herz schlug völlig unregelmäßig – würde es gleich stehenbleiben? Herzinfarkt mit achtundzwanzig? Boris schleppte sich zum Telefon und rief um Erste Hilfe. Sofort kehrte er ans Fenster zurück und kämpfte um frische Luft. Es wurde ihm schwarz vor Augen. Die Zeit, bis der Notarzt mit Tatü-Tata anrückte und das ganze neugierige Haus aufweckte, schien unendlich lang.

Zum erstenmal in seinem Leben blickte Boris dem Tod oder dem, was er dafür hielt, ins Auge.

Der Notarzt gab ihm eine Spritze, die ihn müde und gleichgültig machte. Im Krankenwagen lag Boris wie unter Watte, sein nervöses Herz beruhigte sich. Boris fiel in einen sanften Schlummerschlaf.

Am nächsten Morgen wachte er in einem Krankenhausbett auf. Aus seinen müden Augen sah er eine Krankenschwester, die ihn freundlich begrüßte. »Na, gut geschlafen?« fragte sie und streckte ihm ein Fieberthermometer entgegen.

»Wo bin ich, was ist los?« Langsam ordnete Boris seine Gedanken und erinnerte sich wieder an die schreckliche Nacht am offenen Fenster. »Was ist los mit meinem Herz?«

»Keine Angst«, beruhigte die Schwester, »es ist nichts passiert.«

Boris erfuhr nun, daß ihn der Arzt noch in der Nacht untersucht hatte. Sein Herz sei völlig gesund, nur keine Aufregung. Man habe ihm bereits Blut abgenommen, das nun im Labor untersucht werde. Ob sie seine Frau, seine Freundin oder seine Mutter anrufen solle, wollte die freundliche Krankenschwester wissen. Nicht nötig, meinte Boris, einen Grund dafür nannte er nicht. Die Krankenschwester mußte ja nicht wissen, daß er weder Frau noch

Freundin hatte und auch keine Lust auf seine Mutter, die ihn ja doch nur mit Vorwürfen bombardiert hätte. Von diesen Ermahnungen am Telefon hatte Boris wirklich genug. Wen sollte er schon anrufen? Boris fiel nur Fritz ein, sein bester Freund, der mit den Gummibärchen.

Während die Krankenschwester das Zimmer verließ, dachte Boris über sein bescheuertes Leben nach. Niemand war da, der sich um ihn kümmern würde. Wenn er jetzt gestorben wäre, wer außer seiner Mutter hätte schon echte, nicht in Szene gesetzte Tränen vergossen?

Natürlich wäre bei seiner Beerdigung die Kapelle voll geworden, Boris kannte genug Leute, das halbe Abwärts. Doch diese Freundschaften blieben oberflächlich, man sprach über Frauen, Frauen, und wieder über Frauen, aber nicht über sich selbst.

Boris verspürte jedenfalls keine Lust, allein im Krankenhaus zu liegen. Also griff er zum Telefon, das er neben sich entdeckte, rief erst sein Geschäft an und dann eben Fritz.

»Du machst ja Sachen«, brummte Fritz, »ich komm' in meiner Mittagspause.«

Bevor es Mittag wurde, mußte Boris in ein kahles Untersuchungszimmer. Ein junger Assistenzarzt thronte hinter seinem Schreibtisch und lächelte überlegen.

»Wir haben ihr Blut untersucht. Nichts. Kein klinischer Befund. Sie sind gesund, total gesund.«

Der junge Assistenzarzt blickte vorwurfsvoll, als habe er genug von diesen Hypochondern, die ihm nur die Zeit stahlen, um sich mit wirklichen »Fällen« zu beschäftigen.

»Es handelt sich bei Ihnen um eine nervöse Störung«, dozierte der Weißkittel.

»Haben Sie Probleme mit Ihrer Freundin?«

»Ich habe keine Freundin.«

»Sind Sie homosexuell?«

»Nein!«

»Haben Sie sexuelle Probleme?«

»Haben Sie welche?« gab Boris frech zurück.

Der Assistenzarzt reagierte gar nicht auf die Frage, sondern murmelte vielsagend.

»Keine Freundin, das ist natürlich ein Problem.« Der Doktor griff nach dem Rezeptblock und verschrieb Boris starke Beruhigungstabletten. Pillen gegen Frust – Pillen, um eine Frau zu finden?

»Sie sollten auch mal zu einem Psychotherapeuten«, schlug der Weißkittel vor und schickte ihn zurück ins Krankenzimmer. Er könne seine Sachen packen und nach Hause gehen.

Boris – ein Fall für den Psychiater? Boris hatte keine Lust, die nächsten Wochen auf der Couch eines verrückten Seelendoktors zu verbringen und sich seinen Katzenhaß erklären zu lassen. Ich bin nicht verrückt, ich doch nicht.

Im Krankenzimmer blickte Boris in den Spiegel und bekam einen Schreck. Seine Igelfrisur lag flach, als würden seine Haare bereits alle viere von sich strecken. So kurz vor dem drohenden Exitus hatte Boris natürlich vergessen, für die Fahrt ins Krankenhaus schnell noch die Tube mit dem Gel einzupacken.

Als er die Station verlassen wollte, schneite Fritz herein.

»Hallo, alter Kumpel!« sagte Fritz und überreichte ihm eine Probepackung mit zehn Gummibärchen.

»Was ist los mit dir?« wollte Fritz wissen.

»Nichts, ich habe nur schlecht geschlafen!«

»Und deshalb gehst du ins Krankenhaus? Ich schlaf jede Nacht schlecht.«

Boris schlug vor, ins Abwärts zu gehen. Ins Geschäft wollte er nicht mehr.

Im Abwärts sprachen sie über alles, nur nicht über die komische Nacht von Boris. Fritz mußte loswerden, was ihn gerade beschäftigte. In einem Buch sei's gestanden. Also, wenn man sich nachts einen runterhole, und das komme bei ihm ja gelegentlich vor, dann wache davon die Frau auf, an die man dabei denke. Arme Claudia Schiffer, sagte Fritz, die komme ja nachts nie zum Schlafen.

»Weckst du sie auch manchmal auf?« fragte Fritz.

Boris überlegte, ob das bei Frauen genauso sei. Endlich kannte er den Grund, warum er manchmal nachts plötzlich aufwachte. Irgendeine fiel beim Selberstreicheln in Gedanken über seinen XXL-Körper her, kann man ja verstehen. Nicht schlecht, die Vorstellung, dachte Boris. In dieser Nacht mußte eine ja ganz besonders wild gewesen sein. Denn so heftig war er ja noch nie aus seinem Schlaf gerissen worden, fast wäre er daran gestorben.

Natürlich wollte Fritz auch wissen, ob Boris nicht eine »scharfe Krankenschwester« entdeckt habe, der er ja nun einen Brief mit Gummibärchen schicken könne, um sie wiederzutreffen, aber dann ohne ihren weißen Kittel. Ausführlich erzählte Fritz, wem er in den letzten Tagen Gummibärchen geschenkt habe. Eine Frau habe sogar geantwortet. Margit. Er werde sie bereits heute abend treffen. Die sei zwar furchtbar fett, aber na ja, für eine Nacht störe ihn das weiter nicht.

»Margit sieht wirklich nicht gut aus, aber für einen Quicky wird's schon reichen«, sagte Fritz. Wie gut, dachte Boris, daß jetzt keine Frau zuhört. Die Gespräche mit Fritz waren weder jugend- noch frauenfrei.

»Es heißt ja, die Dicken können gut ficken«, feixte Fritz. Peinlich, peinlich.

Fritz lächelte und sah aus wie ein aufgeblasenes Gummibärchen.

14

Guten Morgen, liebe Sorgen. Sabrina, Evas Mitbewohnerin, verspritzte die tägliche Portion Gift. Dafür konnte es nie früh genug sein. Wutentbrannt rannte Sabrina aus der Küche und setzte gerade dazu an, Eva die Kaffeekanne um die Ohren zu hauen.

»Alles eingebrannt«, tobte Sabrina, »du hast gestern wieder vergessen, die Kaffeemaschine auszuschalten. Lernst du das nie?«

Eva, die nicht verstand, daß es tatsächlich Leute gab, die morgens nach dem Aufstehen mehr als einen Satz sprechen konnten, tat ahnungslos. Dabei trank ja nur sie manchmal am Abend noch Kaffee.

»War ich nicht«, brummte Eva, ohne zu wissen, ob es stimmte.

Für Eva war die Frauenwohngemeinschaft eine reine Zweckgemeinschaft. Weil sie nicht mehr alleine wohnen wollte und ihre beste Freundin Monika leider mit einem Mann in einer anderen Stadt lebte, hatte sie sich, auch um Geld zu sparen, auf eine Anzeige im Stadtmagazin gemeldet. Nur mit Frauen wohnen – das schien zunächst verlockend. Zunächst hatten Rosa und Sabrina, die bereits in der Vierzimmerwohnung lebten und ihre dritte Mitbewohnerin wg. Heirat verloren hatten, auch einen guten Eindruck auf sie gemacht. Alles schien bestens, bis Sabrina und Rosa dahinterkamen, daß sie mit Eva keine neue Kämpferin für die Frauensache gewonnen hatten. Natürlich war Eva für Emanzipation, dafür schrieb sie in ihrer Zeitung manchmal auch flammende Kommentare, sofern es ihr grauhaariger Chef zuließ oder er gerade im Urlaub war. Eva ging aber nicht so verbiestert an die Sache, wollte nicht für eine Welt kämpfen, die hinter einem großen Schild mit der Aufschrift: »Männer müssen draußen bleiben« verschwand.

Eva lebte nun in einem Haushalt, in dem frau sich über falsch zugedrückte Zahnpastatuben stritt. Die Konfliktthemen unterschieden sich nur wenig von denen, die in ganz normalen Haushalten bei ganz normalen Paaren an der Tagesordnung waren. Das Dumme war nur, daß die andere, mit der sich Eva jeweils stritt, immer eine Verbündete hatte. Sabrina hielt zu Rosa und Rosa zu Sabrina. Beide waren ganz stolz auf sich, weil sie meinten, den Grund zu kennen, warum Eva in der WG so egoistisch sei. Was könne man schon von einem Einzelkind anderes erwarten?

»Du denkst wohl, alles muß nach deiner Pfeife tanzen«, so hieß der Lieblingsspruch von Sabrina und Rosa. Einzelkind – Eva konnte es nicht mehr hören. Natürlich war sie ein Einzelkind, trotzdem hatte sich in ihrer Familie früher überhaupt nicht alles um sie gedreht, sondern nur um die abwesenden Launen des abwesenden Vaters. Sabrina und Rosa aber hatten zu viele Bücher von Psychologen gelesen, die von den Menschen immer nur eines wissen wollten. Sag mir, wie traurig du als Kind warst – und ich sag dir, was für ein Mensch du bist. Eva machte es den beiden auch wirklich nicht leicht. Sie verströmte oft schlechte Laune wie Zigarettenrauch, der noch tagelang kalt in allen Zimmern stand, da half selbst Lüften nicht. Evas schlechte Laune hing manchmal in der ganzen Wohnung, man konnte sie fast mit Händen greifen, auch wenn Eva gar nicht da war. Sabrina und Rosa ertrugen Evas Männerleiden nicht mehr. Die beiden waren so eng befreundet, daß Eva manchmal dachte – weil ja auch nie Männer kamen –, die beiden seien lesbisch. Beweise hatte sie aber nicht. Nachts schlief jede in ihrem Bett. Und wenn schon, Eva war's völlig egal.

In Gedanken war sie ohnehin schon weiter – bei ihrem Skandal, den sie nun aufdecken würde. Eva überlegte, ob sie ihrem kettenrauchenden Chef die Beweise gegen den Wohnungsamtschef jetzt gleich oder erst später zeigen sollte. Besser wäre es, dachte Eva, ich recherchiere den Fall zu Ende. Sonst bekäme ihr Grauschopf wieder kalte Füße, der alte Angsthase, der lieber langweilige Seiten über langweilige Gemeinderatssitzungen produzierte und keine brenzligen Themen mochte, die wütende Leserbriefe oder sogar Abbestellungen auslösen könnten. Der Verleger sollte keinen Grund haben, sich aufzuregen. Die Silberlocke nannte sich zwar Lokalchef, doch der eigentliche Chef der Redaktion war niemand anderes als der Verleger, ein Mittvierziger, der mit seinem gezwirbelten Schnurrbart zwar ziemlich fortschrittlich aussah, aber das täuschte. Der

Verleger überholte alle rechts außen. Kein Abend verging, an dem er nicht die Texte seiner Redaktion am Layout-Tisch kontrollierte. Oft entfernte er eigenhändig einen kritischen Kommentar, der ihm mißfiel. Für solche Fälle hielt Häuptling Silberlocke immer einen riesigen Stehsatz bereit, so daß die Lücke, die der Verleger kurz vor Druckbeginn riß, schnell noch gefüllt werden konnte. Auch Evas Kommentare landeten immer wieder im Papierkorb.

Auch für die freien Mitarbeiter setzte sich der feige Lokalchef niemals ein, obwohl die mit einem mickrigen Zeilengeld abgespeist wurden, so daß sich ihr Aufwand überhaupt nicht lohnte. Aber die Oberstudienräte und Schüler, die für die Lokalzeitung zu den dümmsten Terminen rannten, waren jederzeit ersetzbar. Es gab genug Leute, die ihren Namen in der Zeitung lesen wollten, um sich für besonders wichtig halten zu können.

Eva beschloß also, ihren Chef noch nicht in ihren Skandal einzuweihen. Sie wollte mit den Unterlagen erst zum Staatsanwalt gehen. Das würde ihrer Geschichte nur guttun, so einen amtlichen Stempel verpassen, wenn sie schreiben könne, »die Staatsanwaltschaft ermittelt«.

In der Redaktion blieb gar keine Zeit, mit ihrem Chef über die dunklen Geschäfte beim Wohnungsamt zu sprechen. Er schickte sie sofort los. Hundertster Geburtstag von Margarete Schneckenburger im Gänseblümchenweg 11. Wie immer kam Eva zu spät, sie lief gekrümmt, unter der Last der Fototasche. Wieder mal fehlte ihr die dritte Hand. In der einen der Notizblock, in der anderen der Fotoapparat samt Blitzgerät, mußte sie aufs Sektglas verzichten, das ihr einer von mindestens zwanzig Urenkeln feierlich überreichen wollte. Der Bürgermeister hatte bereits gratuliert und hob nun zu einer wohlgesetzten Rede an, doch sah man ihn nicht, weil zwei der mindestens zwanzig Urenkel mit Videokamera und Scheinwerfer die Sicht nahmen.

Als einzige durfte die stark geschminkte Margarete Schneckenburger sitzen, auf einem abgewetzten Ohrensessel, der so alt war wie sie selbst. Ihre Riesenfamilie hatte sich festlich aufgeputzt und sich im Wohnzimmer gleichmäßig verteilt. Alle schauten so ernst, als seien sie gerade bei der Beerdigung ihrer Uroma, die sie in ihr schönstes Kleid gezwängt hatten, dessen Rüschen so weit nach oben wuchsen, daß ihr zerknittertes Gesicht halb bedeckt war.

Der Bürgermeister sprach was von einem »biblischen Alter«, von der »Würde des Altwerdens« und von der »Gnade des späten Todes«. Es war die gleiche wohlgesetzte Rede, die Eva bei diesen Anlässen immer hörte und die sie schon fast auswendig kannte. Wie immer endete die Rede mit der Frage nach dem berühmten Rezept. Was müsse man tun, um so steinalt zu werden? Die älteste Tochter, auch schon im Rentenalter, ließ Margarete Schneckenburger gar nicht erst zu Wort kommen und antwortete für sie.

»Ein Gläschen Rotwein am Abend kann nicht schaden.«

»Was heißt da ein Gläschen, drei Gläschen oder vier«, korrigierte Frau Schneckenburger und blies dabei die Rüschchen beiseite, die sich wie ein Maulkorb über ihren Mund gelegt hatten.

»Hoho«, lachte der Bürgermeister, »immer noch zu Scherzen aufgelegt.«

»Die Uroma ist eine Frohnatur«, ließ die älteste Tochter wissen.

Wieder drangen Töne zwischen den Rüschchen hervor.

»Das ist ein Wunder, bei dieser Familie«, krächzte die hundertjährige Stimme der Margarete Schneckenburger. Wieder mußte der Bürgermeister lachen und griff nun mit festlicher Miene in seine Jackentasche.

»Im Auftrag des Bundespräsidenten, der Sie recht herzlich grüßen läßt, habe ich Ihnen einen Scheck mitgebracht«, sagte der Bürgermeister ganz feierlich. Von unten blitzte Zorn aus den glasigen Augen der Margarete Schneckenburger empor. Die Hundertjährige strich mit ihrer Hand, die nur noch Haut und Knochen war, die Rüschchen beiseite und schimpfte.

»Das ist ja kaum zu glauben. Jetzt meinen die Politiker, sie müßten mir Geld geben. Wollen die mich bestechen, daß ich sie wähle? Ich wähle doch keine Politiker, die sonst das Geld nur immer selber einstreichen. Selbst der Otto (sie meinte Oskar, den aus dem Saarland) leitet die ganzen Steuern auf sein Konto. Und das bißchen, das dann noch übrigbleibt, sollen ausgerechnet wir bekommen, die Hundertjährigen, die zu schwach sind, sich gegen den ganzen Betrug in der Politik zu wehren!«

Der Bürgermeister wußte nicht mehr, ob er lachen sollte, und die Urenkel wußten nicht, ob sie diese Passage aus ihrem Videofilm später streichen mußten. Peinliche Stille, in die sich die hysterische Stimme der ältesten Tochter drängte.

»Jetzt sollten wir aber anstoßen auf unsere Uroma Margarete«, befahl die älteste Tochter.

Frau Schneckenburger hatte gesagt, was zu sagen war. Jetzt schaltete sie wieder ab und bekam nichts mehr von dem mit, was um sie herum geschah. Es interessierte sie auch nicht mehr.

Der Bürgermeister entschuldigte sich, plötzlich hörte er, wie »die Pflicht« rief.

Die älteste Tochter schob Eva beiseite.

»Das mit dem Geld und den Politikern sollten Sie nicht schreiben«, forderte sie.

Genau das aber wollte Eva schreiben, die diese Margarete Schneckenburger sehr mochte. Alle Achtung, wenn ich mal so alt werde, dachte Eva, als sie den Gänseblümchenweg 11 verließ, wenn ich mal so alt werde, möchte ich so sein wie Margarete Schneckenburger, der Schrecken aller Bürgermeister und älterer Töchter.

Dabei stand der größte Schrecken erst noch bevor, was bisher niemand ahnen konnte. Nur der Notar wußte davon und hatte vergeblich versucht, der alten Frau ihren letzten Willen auszureden. Partout wollte sie keinen von ihren Verwandten im Testament aufnehmen. Ihr ganzes Vermögen sollten statt dessen fünf Affen erben. Fünf Affen! Eben ihre fünf Lieblingsaffen, zu denen sich Frau Schneckenburger noch hundertjährig im Rollstuhl schieben ließ. Im Zoo, da fühlte sie sich wohl. Dort saß die betagte Dame oft stundenlang vor dem Affenkäfig, was der ältesten Tochter der letzte Beweis dafür war, daß die Uroma so verkalkt sei wie ihre Kaffeemaschine. Frau Schneckenburger aber war noch voll bei Sinnen und winkte immer wieder ihren fünf Lieblingsaffen zu, die diesen Gruß manchmal sogar erwiderten.

Hunderttausend Mark, die Sammlung der alten Schellackplatten – alles sollten die fünf Affen erben. Das wäre erst eine Schlagzeile für Evas Zeitung! »100jährige vererbt ihr ganzes Geld fünf Affen.« Die Bild-Zeitung hätte den Fall sofort aufgegriffen. Wahrscheinlich würde Margarete Schneckenburger aber alle Affen überleben. Man müßte sie irgendwann mal totschlagen, die alte Dame, nicht die Affen.

15

Boris hatte große Angst vor dieser Nacht gehabt, in der aber nichts geschah. Der Kampf um Luft am offenen Fenster wiederholte sich nicht. Er schlief durch, ja überhörte fast den Radiowecker, so müde war er. Boris hatte sich nicht krankschreiben lassen, er wollte schnell wieder ins Büro, damit ihn dort Tage später keine besorgten Kollegen ausfragen konnten. Daß er für eine Nacht im Krankenhaus gelegen hatte, ließ sich nicht verheimlichen. Boris hatte sich eine Geschichte ausgedacht. Er sei auf der Treppe gestürzt und habe sich im Krankenhaus nur verarzten lassen. Eine Zerrung war immer noch besser als ein kranker Kopf. Darüber ließ sich besser reden, das sorgte nicht für gemeine Tuscheleien hinter seinem Rücken.

In der Mittagspause ging Boris in eine Buchhandlung. Boris wollte sich Bücher über seelische Krankheiten besorgen. Er hatte beschlossen, sich selbst zu kurieren, selbst den Grund für seine komische Nacht zu erforschen. Die Bemerkung des Assistenzarztes hatte ihn doch aufhorchen lassen. Auch wenn Boris es gegenüber dem Weißkittel niemals zugegeben hätte, aber er hatte Probleme. Keine sexuellen, natürlich – was bildete der sich ein? –, aber vielleicht… Beziehungsprobleme? Vielleicht eine andere Form von Herzschmerz?

In der Buchhandlung fiel sein erster Blick ausgerechnet auf einen Buchdeckel, von dem ihn helle Katzenaugen drohend aus dunklem Hintergrund anstarrten. Der Katzenkrimi *Felidae* von Akif Pirincci. Angeblich ein tolles Buch, wovon sich Boris jedoch niemals überzeugen konnte. Er haßte Katzen, so ein Buch konnte er nicht mal anfassen, geschweige denn lesen, es wäre ihm speiübel geworden.

In der Abteilung »Lebenshilfe« kämpfte sich Boris durch ein Dickicht aus schwer verständlicher Psycholiteratur. Für jedes seelische Wehwehchen gab es unzählige Bücher. Boris entdeckte Titel wie »Suche nach Tiefenerfahrungen« oder »Sinnlehre gegen Sinnleere«. Boris informierte sich über die Bedeutung des Ausdrucksmalens. Das Abtasten der eigenen Möglichkeiten mit Pinsel und Farbe sei ein wesentliches Erlebnis auf dem Weg zur Selbsterfahrung. Boris hatte nichts gegen Abtasten, doch gefiel ihm das besser an Frauen als an sich selbst. Diese Form der Selbstbefriedigung mochte er nicht. Dabei hätte sich's gelohnt. Denn dann wäre ihm das »Versöhnen mit dem eigenen Ich« gelungen, wie ein anderes Buch versprach.

Muß ich mich mit mir selbst versöhnen? grübelte Boris, aber er hatte sich doch gar nichts getan. Die Psychotherapeuten, die sich so was einfallen ließen, hatten zu oft geistig onaniert. Übertriebene Onanie macht also doch wahnsinnig.

»Nogger dir einen«, rief Boris den Seelenklempnern in Gedanken zu.

Die Therapeuten waren im Grunde Köche. Ihre Rezepte

»für ein glückliches Leben« hörten sich an wie Rezepte für ein gutes Abendessen. Man nehme 200 Gramm Selbstbewußtsein, gieße einen Liter Trauerarbeit dazu, hacke seine Kindheit klein und rühre alles zu einem klebrigen Brei zusammen, um ihn in langen und teuren Therapiesitzungen aufzukochen. Und schon schmeckt dein Leben wieder!

Trotzdem, Boris kaufte sich zwei Bücher. Eines über *Psychosomatik*, in dem er nachlesen konnte, daß Krankheiten oft ihre Ursachen in den weitgehend unbekannten Zusammenhängen zwischen Seele und Körper hatten. Wer starke psychische Schmerzen habe, leide auch physisch darunter. Ängste schlugen auf den Körper, was schon in der Umgangssprache zum Ausdruck kommt. Heißt es nicht: »Er macht vor Angst in die Hose« oder »Sie hat Wut im Bauch«?

Das zweite Buch trug den Titel *Du bist toll!* Es war ein »Leitfaden für ein glückliches Leben«. Geschrieben von einem ehemaligen Journalisten, der viel Geld mit Seminaren verdiente, bei denen er solchen Leuten wie Boris Selbstbewußtsein beibringen wollte. Der Autor rief in dem Buch dazu auf, sich jeden Tag vor den Spiegel zu stellen. Das fiel Boris natürlich nicht schwer, weil er es sowieso immer tat. Vor dem Spiegel sollte man sich dann streng in die Augen blicken und sich zurufen: »Ich bin toll!«

Erst leise, dann immer lauter. Boris mußte sich in der nächsten Zeit also selbst anschreien.

»Ich bin toll! Ich bin toll! Ich bin toll!«

In dieser Zeit dachte Boris viel über sich nach. Und rätselte nur. Mensch, Junge, dabei ist dein Fall doch glasklar, da mußt du nicht viel rätseln. Jeder Psycho-Laie weiß Bescheid. Also komm, wir erklären dir das mal. Lieber Boris, leg dich mal aufs Sofa. Mach es dir schön bequem. Entspann dich, alles klar? Die Erklärung für deine komische Nacht liegt doch auf der Hand. Am Abend zuvor hast du Sonja getroffen, die aber unschuldig ist. Die hat dich mit Geschichten über Küchenschaben und Festmenüs nur genervt. So eine Person wirft einen nicht aus dem seelischen Gleichgewicht. Die doch nicht. Aber du hast dir von diesem Abend zu viel versprochen. Deine ganze Hoffnung hast du in deine schön formulierte Kleinanzeige gesetzt, und dann kam die Küchenschabe Sonja. Aus der Traum! Und jetzt wollen wir noch ein bißchen in deiner Kindheit stöbern. Das macht jeder Psychotherapeut so. Erinnerst du dich? An diesem komischen Abend hat dich doch deine Mutter angerufen. Die Mutter am Telefon! Vorwürfe und Befehle aus dem Telefonhörer! Es war ganz wie früher. Schon als Kind hast du diese Telefongespräche gehaßt. Die Mutter weit weg, bei ihrem neuen Freund, läßt den Sohn allein zurück – und befiehlt immer übers Telefon. So hatten sich alte Ängste vermischt mit deiner neuen Angst vor dem Alleinsein. So sieht's aus, Boris. Alles klar? Deine Seele hat nur einen Schnupfen, nicht weiter schlimm, so was kommt bei jedem mal vor. Aber jetzt mußt du aufpassen, daß daraus keine Lungenentzündung wird. Wenn's dir also guttut, dann schreie dich ruhig an. Stell dich vor den Spiegel.

Der brave Boris ging ins Badezimmer. Der Platz vor dem Spiegel war sowieso sein Lieblingsplatz. Und jetzt, ganz laut!

»Ich bin toll! Ich bin toll! Ich bin toll!«

Das Läuten des Telefons störte seine Schreie.

Es war Fritz, der dringend von seinen Erlebnissen mit Margit erzählen mußte. Der Abend mit Margit, ein voller Erfolg.

»Die sieht wirklich schlimm aus, bumst aber wie ein Weltmeister«, keuchte Fritz. Die Sache sei also verzwickt. So einen Fettkloß müsse man ja immer verstecken, damit könne man sich nicht im Abwärts zeigen, um nicht seinen Ruf zu gefährden. Wenn Margit mit ihm ins Kino oder in die Kneipe wolle, müsse er sich komische Ausreden ausdenken. Zeit hatte Fritz nur, wenn Margit ihn daheim besuchen wollte, und dort besichtigten sie vor allem sein Bett. Danach gab es nur noch ein Problem: Wie konnte man sie schnell wieder loswerden, damit sie die Nacht daheim im eigenen Bett verbringt. Sicher hätte die nur geschnarcht und auch sonst nur genervt.

Fritz sprach nur über sich, fragte kein einziges Mal, wie es denn Boris gehe, der immerhin eine Nacht im Krankenhaus verbracht hatte.

Gut so, dachte Boris. Auch er diskutierte lieber über Gummibärchen als über seinen Seelenschnupfen. Es waren ja seine Probleme, nur seine, selbst den besten Freund wollte er damit nicht belästigen.

Boris legte auf und setzte die Sprechübung im Badezimmer fort.

»Ich bin toll, ich bin toll, ich bin toll.«

16

»Ziehen Sie was Schönes an, das kleine Schwarze oder so was!« Der nikotinsüchtige Chef meinte, Eva eine große Freude zu machen, weil er ausnahmsweise mal nicht selber zu dieser Benefiz-Gala ging.

»Da gibt's ein tolles Essen«, wußte der Chef, der an diesem Abend »leider verhindert« war, »und Sie lernen Leute kennen, die Sie sonst nie kennenlernen würden.«

Eva solle die Zeitung gut vertreten, befahl die Silberlocke. Der Mann von der Galeriebesitzerin sei ja mit dem Verleger im Rotary-Club. Der Lokalchef warnte. Er wolle keine Klagen hören!

»Reden Sie mit den Leuten. Sie wissen ja, Kommunikation ist unser Geschäft!«

Selten war soviel Geld auf engstem Raum versammelt wie bei dieser Benefiz-Gala. Amerika läßt grüßen, wo die Partys der Reichen erst dann richtig schön werden, wenn sich die Gäste als Wohltäter selber feiern können. In bester Halbhöhenlage trafen sich die Wohlhabenden auf dem sündhaft teuren Marmorboden der schmucken Galerie

»ART PRESENT«. Eintritt: 200 Mark. Der Erlös war für krebskranke Kinder im Krankenhaus bestimmt. Küßchen hier, Küßchen dort. Die Schickis umarmten die Mickis.

»Wer Geld will, muß Geld geben«, sagte die Besitzerin der Galerie unentwegt. Klar, die krebskranken Kinder konnten sich über 70 000 Mark freuen. Aber genauso die Steuerberater der reichen Gäste, die wieder mal eine Spendenbescheinigung bekommen hatten. Die Chefin der Galerie, die eine Halskette trug, die so teuer war wie die Spende für die krebskranken Kinder, überreichte Eva gleich mal die Gästeliste und die Menü-Karte. Die Wohltäter wollten schließlich am übernächsten Tag in der Zeitung lesen, was für gute Menschen sie waren. Eva war an diesem Abend die kleine Schwester von Baby Schimmerlos. Die Klatschreporterin musterte das riesige Büfett, auf dem sich Hummer türmten, die für den guten Zweck hatten sterben müssen.

Eva überlegte, ob der ganze Aufwand überhaupt in Relation zu dem Erlös stand. Wenn die Galabesucher das Geld einfach nur gespendet hätten, ohne sich zu treffen, wäre noch viel mehr zusammengekommen. Was allein schon der Friseur gekostet hatte, und dann die teuren Abendkleider. Zu diesen gesellschaftlichen Anlässen mußten die Frauen ja jedesmal einen neuen Fummel tragen. Sie konnten sich nicht zweimal mit ein und demselben Kleid zeigen.

Sogar ein echter Herzog weilte unter den Geladenen, vor dem alle einen Knicks machten und ihn mit »Königliche Hoheit« anredeten. Eva wußte gar nicht, daß Deutschland noch einen König besaß. Hatte der nicht irgendwann mal abgedankt?

Schon hatte die Versteigerung begonnen. Wer bietet mehr? Der Finanzminister persönlich versuchte, ein Bild an den reichen Mann zu bringen. Zwischen dem kitschigen Goldrahmen entdeckte Eva auf dem Bild vier Penner in düsteren Farben. Zum Glück, dachte Eva, können die häßlichen Gestalten nicht aus ihren Bildern. Wie hätte wohl die feine Gesellschaft reagiert, die den schonungslosen

Maler überschwenglich feierte, wenn dessen Penner zur Benefiz-Gala gekommen wären? Man stelle sich vor: Die eleganten Kunstfreunde müssen ihren Hummer mit Menschen teilen, die sie sonst nicht einmal ignorieren. Die gleichen Leute, die sich sonst in der Stadt nicht einmal in die Nähe irgendeiner ordinären Fußgängerzone wagen würden, in der lediglich der »Plebs« von Kaufhaus zu Kaufhaus zog, schwärmten in der feinen Galerie nun plötzlich für die ewigen Verlierer des Lebens. Überall gingen Hände in die Höhe. Jeder wollte dieses Pennerquartett ersteigern. Am fleißigsten war natürlich der Herzog, der ja zeigen mußte, was für ein wohltätiges Herz in seiner Brust schlug. Eva konnte dieses Schauspiel nicht länger ertragen. Sie zog sich zurück und studierte die Gästeliste. Zwar kannte sie einige Gesichter, die Politiker und Vorstandsvorsitzenden der Banken kannte man eben, aber es waren doch auch viele da, die sie noch nie zuvor gesehen hatte.

Eva erschrak, als sie einen bestimmten Namen las. Mayer, Chef des städtischen Wohnungsamtes. Sieh einer an, auch dieser Typ ist ein Wohltäter. Warte ab, Bürschchen, dachte Eva, bald bist du dran. Ich bringe deine kleine, niedliche Schmiergeldaffäre ganz groß raus. Eva wußte, daß an diesem Abend natürlich noch viel mehr Affären rumstanden und am Hummer kauten. Nur hatten es die anderen bisher geschafft, ihre kleine, niedliche Affäre zu verstecken. Euch kriege ich noch, sagte sich Eva, die sich schon jetzt als gewiefte Undercover-Journalistin fühlte, die auch auf dem glattesten Parkett nicht ins Rutschen kam.

Ihr seid bald auch dran! Und dann könnt ihr eure Benefiz-Galas im Gefängnis feiern!

Komisch, Eva mußte wieder mal an ihren Vater denken. Bestimmt hätte er sich auf dieser Gala wohl gefühlt. Ihr Vater umgab sich gern mit wichtigen Leuten, davon erzählte er dann noch tagelang. Eva wird nie vergessen, wie stolz er auf sein kurzes Gespräch mit dem Finanzminister war.

Ganz feierlich sitzt der Vater am Mittagstisch. Selten hat er so viel gesprochen. Der Ministerpräsident hatte ihn zum Neujahrsempfang eingeladen. Da werden nur Leute eingeladen, die es zu was gebracht haben, sagt der Vater. Ihr glaubt es nicht, aber ich habe mit dem Finanzminister Sekt getrunken. Ein sympathischer Mann, der trotz seines hohen Amtes ganz leutselig geblieben ist. Man kann sich ganz normal mit ihm unterhalten. Ich habe ihm natürlich versichert, daß ich seine Arbeit bewundere. Ich bin ja auch vom Fach. Wir von der Bank wissen, was wir an diesem Finanzminister haben. Mensch, Vater, das interessiert mich doch nicht. Warum kannst du dich nur mit einem Minister ganz normal unterhalten, aber nicht mit deiner Tochter?

17

Seine Kehle war rauh wie Schmirgelpapier. Ganz schön aufgekratzt, dieser Joe Cocker. Er nun wieder, der immer herhalten mußte, wenn vom Aufstieg und Fall eines Popstars die Rede war.

Zu Woodstock-Zeiten noch ganz oben, dann ein Häufchen Elend, dem Alkohol hoffnungslos ausgeliefert. Jetzt hatte er die Flasche wohl weggelegt und sich selbst in den Griff bekommen.

With a little help from my friends – bei diesem Wahnsinnschrei lief's allen im Saal heiß und kalt über den Rükken. Joe Cocker stakste wie gewohnt mit eckigen Bewegungen umher. Unter seinem knappen T-Shirt schob sich der runde Bauch vor. Die Finger eigenartig gespreizt, das Gesicht schmerzverzerrt, so schien er mit sich selbst zu kämpfen. Als müsse er wegen starker Erkältung um jeden krächzenden Ton ringen. Diese Stimme, diese Stimme!

Boris hüpfte und schrie ziemlich weit vorne mit. *With a little help from my friends*. Sein Freund Fritz stand neben ihm, doch er schaute nur selten auf die Bühne. Sein Blick galt den Frauen, für die er wieder Unmengen von Gummibärchen mitgebracht hatte. Andere Leute steckten Gummis von »Blausiegel« ein, wenn sie abends loszogen, und Fritz Gummis von »Haribo« macht Frauen froh und das Fritzchen ebenso.

Diese Intensität, mit der Joe Cocker wie besessen lospowerte, war kaum noch zu steigern. Mit unerbittlicher Härte prasselten heiße Rockrhythmen auf Boris nieder, der sich naßgeschwitzt in Trance tanzte. Joe Cocker flippte aus. Er nahm das Mikrofon und steckte das lange Ding mit dem runden Ende zwischen seinen Oberschenkeln durch. Da baumelte es nun vergnügt. Daß Rockmusik was mit Sex zu tun hat, wußte Boris auch so.

Was wäre schon sein Leben ohne Musik? Morgens beim Aufstehen, nach der Arbeit, abends in der Baghwan-Disko oder im Abwärts. Rockmusik, seine ständige Begleiterin, die tröstet und aufbaut, die unterhält und ablenkt. Gerade die Großkonzerte bewiesen es: Musik kann eine Droge sein.

Plötzlich packt's dich. Du läßt dich treiben in dieser hin- und herdrängenden Enge aus Armen und Beinen. Dieser wilde Strudel spült dich weit weit weg. Die Rockmusik projiziert dir schillernde Farben in deinen Kopf.

Die Rockmusik, die aus riesigen Boxen knallt und quillt, durchflutet deine Beine, dein Becken, deinen Bauch. Du bist Teil einer gigantischen Rockshow. Nah dran, aber doch weit weg. Dir geht's gut, rauschartig gut. Rockmusik – klar eine Droge. Rockmusik und Rebellion sind Blutsbrüder. Die harten Rhythmen schlagen wie die Faust auf den Tisch und wirken ungemein befreiend. Wenn Rockmusik eine Droge ist, dann aber eine, die aufbaut statt zu zerstören. Rockmusik – eine prickelnde Mischung aus Protest, Körperlichkeit, Gefühl und Tanz.

Die Rockmusik wirkt wie ein reinigendes Gewitter, das aufgestaute Aggressionen wegdonnert. Die Zuhörer werden mit frischer Energie aufgeladen, die ihnen Auftrieb gibt, sich dem trüben Alltag zu widersetzen. Boris brauchte diese Droge, anders hätte er dieses Leben gar nicht ausgehalten.

With a little help from my friends. Ein Lied mit Erinnerungen. Wenn Erinnerungen an Musik hängen, ist sie noch viel intensiver. *With a little help from my friends* war das Lieblingslied von Gaby gewesen, seiner ersten Frau.

Gaby legte die Platte immer wieder auf. Meine erste Frau liebte das erste Lied auf der ersten Seite – mindestens so wie mich. With a little help from my friends. *Gaby singt mit und schaut mich dabei so süß an. Dieser verliebte Blick kribbelt noch viel mehr als die Stimme von Joe Cocker. Gaby, ich liebe dich auch! Sie beißt mir ins linke Ohr, und ihre Augen lassen keinen Zweifel zu: Sie will immer bei mir bleiben, immerzu. Und jetzt liegen in der Schublade ihre Liebesbriefe wie Relikte aus grauer Vorzeit. Gaby kommt nie mehr. Sie hat sich in einen anderen verliebt, so schnell, daß es keiner kapiert hat, am wenigsten ich. Wer soll das schon verstehen? Ich kann und will es nicht verstehen. Hat sie mir früher nur was vorgemacht? Warum will sie mich plötzlich nicht mehr? Ich bin doch kein Spielzeug, und Gaby kein Kind, das ihren geliebten Schmusebär irgendwann in die Ecke stellt und ihn vergißt, weil sie einen neuen geschenkt bekommen hat… Mensch, Gaby, was ist los? Wir haben uns doch gar nicht gestritten, nichts war vorgefallen. Ich liebe dich immer noch! Doch das Herz bricht über Nacht, und keiner weiß, warum. Jetzt sitze ich mit gebrochenem Herzen in meinem Zimmer und spiele das Lied von Joe Cocker immer wieder. Ich werde es so lange spielen, bis die Welt endgültig untergegangen ist. Was soll ich schon ohne Gaby? Niemand soll mir jemals wieder zärtlich in mein Ohr beißen!*

With a little help from my friends. Natürlich gab es seitdem wieder viele Frauen, von denen sich Boris zärtlich beißen ließ. Es ging schneller als er dachte. Auch wenn du
denkst, man habe deine Liebe gekreuzigt, sie steht immer
wieder auf. Eine Liebe hat viele Leben, du kannst sie gar
nicht alle zählen. Es ist wie im Film der Monty Pythons.
Du mußt nur so fröhlich pfeifen wie die Gekreuzigten da
oben.

Joe Cocker spielte bereits die vierte Zugabe. Boris fühlte
sich wie neugeboren. Rock 'n' Roll war sein bester Freund.
Damit konnte selbst das Gummibärchen neben ihm nicht
konkurrieren.

Dabei hatte sich Rock 'n' Roll schon ziemlich abgenu-
delt. Oft war's nur noch Geräuschkulisse. Selbst im Supermarkt säuselte John Lennon aus den Lautsprechern, natürlich dezent und zurückhaltend. Von der Rebellion war
nicht mehr viel übriggeblieben. Rock 'n' Roll hatte sich mit
dem Leben arrangiert, sich genauso angepaßt wie Boris.
Vielleicht liebte er deshalb so diese Musik.

18

Das Geschäft mit den einsamen Herzen blühte. In den Su-
permärkten gab es mikrowellenfertige Fünfminutenmahl-
zeiten im Einportionenpack, im Radio durften Singles nach
der süßen Autofahrerin fahnden, die sie bereits kannten,
von der roten Ampel. Die Fernsehsender erfanden ständig
neue Kuppelshows. Paarungen auf allen Kanälen. Flirtschulen erteilten Nachhilfe im Baggern. Single-Service-
Unternehmen verkauften Anstecknadeln für Solisten. Wer
sich so was an die Brust steckte, signalisierte der Welt: Di-
deldei, mein Herz ist frei. Und wenn sich zwei Anstecknadeln fanden, durften sie sich zusammenstecken. In den
Diskotheken waren diese See-you-Partys der Hit. Sie kamen, sahen und der Diskobesitzer siegte, weil er gar nicht

wußte, wohin mit dem vielen Geld, das die Singles ihm geradezu aufdrängten.

Eva hatte sich mit Ute, der Schauspielerin ihres Geburtstagsfestes, bei einer See-you-Party verabredet. Ute hatte es zwar nicht nötig, denn es gab Peter, den sie aber immer öfter allein zu Hause ließ, weil der schüchterne Kerl ja doch nie was sprach, wenn er mitdurfte.

Es sollte ein Spiel werden. Nachdem Ute erzählt hatte, sie bereite gerade eine neue Show für Martinas Geburtstag vor, vereinbarten sie, für jedes Männerlächeln, das sie einkassieren konnten, eine Mark ins Sparschwein zu werfen. Wer muß am meisten blechen? Wer hat die besten Chancen?

Nervös flackerte das Schummerlicht der Disko, wo nervöse Singles ihre Unsicherheit unter coolen Blicken versteckten. Sie hüpften hilflos. Es war kein befreiender Tanz, keiner tanzte in sich versunken, alle lagen auf der Lauer und machten Gesichter, die endlich geküßt werden wollten.

Nur nicht die plumpe Tour, erst mit den Augen blinzeln. Bei den Pasadenas mit *Riding on a train* schwappte die Tanzfläche über. Weiche Rhythmen, was fürs Herz, nicht nur einpeitschende für den Sex. Gefühle waren wieder gefragt. Gefühlsecht mußte neuerdings alles wieder sein. Damit fing die Disko bereits im Treppenaufgang an. Dort (und nicht etwa verschämt auf der Männer-Toilette) hing der Kondom-Automat. Aufschrift: Gefühlsecht…

Eva hatte noch nie einen gesehen, der Geld in diesen Kondom-Automaten warf. Hatte die See-you-Party am Ende gar ihr Ziel verfehlt?

Das Spiel konnte beginnen. Eva blickte in die Runde, wo war einer mit einem sonnigen Lächeln? Warum wich der süße Kerl mit den schulterlangen Haaren ihrem Blick immer aus? Ute hatte bereits »zwei Mark im Sparschwein« gemeldet. Wie macht die das nur? Aber sie war ja auch Schauspielerin, was dieser Zweikampf voraussetzt. Die Liebe ist ein Spiel, ja nur ein Spiel. Wer dem andern was vormachen kann, hat halb gewonnen.

Bei dieser Party schlugen die einsamen Herzen nervös um die Wette. Im Gedröhn aus den Boxen waren diese Herzrhythmusstörungen zum Glück gar nicht zu hören. Schon oft hatten die Lonely Hearts Schiffbruch erlitten, es trieb sie aber immer wieder hinaus aufs tosende Meer. Auf, in den neuen Untergang!

Doch hatten es die seit Ewigkeiten liierten Paare wirklich besser, von denen es ja auch noch rare Exemplare gab? Eva zweifelte. Sie wollte nicht tauschen mit einer Fremdsprachensekretärin, die mit siebzehn ihren ersten Freund kennenlernt, mit achtzehn zum erstenmal mit ihm schläft, ihn dann mit einundzwanzig heiratet, um den Rest ihres Lebens an ihrer einzigen Liebe festgekettet zu sein. Ein Maler, der eine ganze Palette vor sich hat, bedient sich ja auch nicht nur eines Farbtopfs. Mal gefällt ihm das Rot besser, dann paßt wieder besser ein Grün. Schön bunt ist die Welt. Die Farbenblinden taten ihr leid. Irgendwann erkannte selbst auch eine Fremdsprachensekretärin, daß sie was versäumt hatte. Und dann saß sie mit ihrem Abteilungsleiter, ihrem ersten und einzigen Mann, in einem Schiffchen, das gerade dabei war, unterzugehen. Es war leckgeschlagen, vielleicht, wenn sie Glück hatten, sogar deshalb, weil sie so stürmisch in die Wellen gejagt waren. Fragend blickten sich die beiden an, während der Wasserpegel in ihrem Schiffchen unaufhaltsam stieg. Was haben wir nur falsch gemacht? Und sie blieben sitzen, bereit zum Ertrinken. Vielleicht würden sie ja noch mal kräftig auf die Pauke hauen. Die Bordkapelle spielte auf der *Titanic* ja auch am lautesten, als diese längst auf dem Eisberg saß.

Schuld am Untergang sind nicht immer die, die das Schiffchen steuern. Es gibt Naturgewalten, denen selbst die besten Kapitäne machtlos ausgeliefert sind. Rette sich, wer kann. Man muß die Seenot nur als solche erkennen, darf sich niemals was vormachen. Selbst die schönste Blüte läßt mal ihre bunten Blätter fallen. Was soll der Herbst auch schon anderes bringen? Unsere Zeit ist vorbei. Sind wir dankbar, wir haben wenigstens auf offener See gemeinsam das Leuchten der Sterne gesehen. Arm sind nur die, die immer nur vom Bootsausflug träumen und niemals seekrank vor Liebe werden dürfen. Und wenn's dann vorbei ist, bleiben die schönen Erinnerungen zurück, die kein Haltbarkeitsdatum kennen, weil sie nie verschimmeln, ja im Alter sogar frischer werden als je zuvor. Diese Erinnerungen sind eine Krücke, mit denen alte Menschen wieder gehen können, derweil sie wissend lächeln.

Und so darf die Fremdsprachensekretärin ihren Abteilungsleiter ohne schlechtes Gewissen verlassen. Die Zeit mit dir war schön, doch sie ist vorbei. Wir haben uns beide weiterentwickelt, sind dabei so schief und quer gewachsen, daß wir uns nicht mal mehr richtig umarmen können. Das Leben trieb uns auseinander, jetzt können wir es neu erforschen, jeder für sich. Wenn wir zusammenbleiben, behindern wir uns nur gegenseitig, dann erdrücken wir uns nur selbst.

Vielleicht war's ja auch völliger Quatsch, worüber Eva bei der See-you-Party nachdachte. Es können sich ja nicht alle Paare trennen, die nicht mehr zusammenpassen. Wen sollte etwa Bundeskanzler Helmut Kohl zu einem Staatsakt mitbringen, wenn nicht Hannelore? Wen juckte es schon, ob die berühmte Sekretärin seine Angetraute aus dem Oggersheimer Schlafgemach bisweilen vertreibt? Wer interessiert sich schon für die aufgeschlagenen Betten unseres Bundeskanzlers?

»Die fünfte Mark!« trötete Ute stolz. Es war der zwei Meter lange Kerl, dessen Kopf schon eine Delle hatte, vom vielen Anstoßen.

Jetzt durfte auch Eva eine Mark zahlen. Die reichte gar nicht aus für das, was sie nun erlebte. Denn es blieb nicht nur beim Augenkontakt, der Bursche faßte sich sein einsames Herz und sprach Eva an.

»Hallo, ich bin Jungfrau… und du?«

Komische Anmache. Der Bursche verriet nicht seinen Namen, sondern nur sein Sternzeichen. Überall wucherten Haarbüschel, aus der Nase, aus den Ohren, selbst aus dem T-Shirt quollen sie am Hals herauf. Wahrscheinlich war auch sein Rücken ein einziges Fell. Manche Frauen sollen ja auf so was Animalisches stehen, weshalb der Kerl mindestens soviel Selbstbewußtsein wie Haare hatte.

»Ich bin Wassermann«, antwortete Eva.

Augenblicklich kramte die behaarte Jungfrau ein Büchlein aus der Jackentasche.

»Mal sehen, ob wir zusammenpassen.«

Die Jungfrau hielt das Büchlein wie eine Bibel hoch, direkt unter die Kerze, die auf dem Bistrotisch flackerte, und blätterte und blätterte. Eine haarige Sache, fürwahr.

Die Nachforschungen sprachen gegen weitere Treffen. Die Jungfrau hatte zu viel Haare in der Suppe entdeckt. In seiner Bibel heulten die Alarmsirenen auf. Achtung, große Gefahr!

»Wassermann und Jungfrau passen leider nicht zusammen. So ein Pech. Wir werden uns nur streiten.«

Dabei sei gerade Evas Tageshoroskop so vielversprechend, überdurchschnittlich gut.

Die Jungfrau las vor: »In der Liebe und in der Arbeit sind Sie heute der Gewinner. Verschieben Sie nichts, bewältigen Sie alle Aufgaben, seien Sie offen für eine neue Liebe. Sie haben hervorragende Ideen!«

Die behaarte Jungfrau lächelte neidisch.

»Du hast ja noch 'nen tollen Abend vor dir!«

So eine erfolgsverwöhnte Frau könne er doch nicht einfach ziehen lassen, brabbelte die Jungfrau.

»Vielleicht passen wir ja nach den chinesischen Sternen zusammen. Bist du Schwein oder Hase?«

Und schon kramte die Jungfrau, die sich auch als Schlange zu erkennen gab, erneut in der Jackentasche und beförderte ein zweites Büchlein ans zuckende Schummerlicht der Disko. Auf dieser zweiten Bibel erkannte Eva chinesische Schriftzeichen.

Und richtig, die Chinesen gaben ihnen eine Chance. Doch jetzt wollte Eva nicht mehr.

»Weißt du, ich bin nur eine schlechte Chinesin«, sagte Eva. »Aber mein Tageshoroskop hat recht, ich sollte nichts verschieben. Also schick ich dich endlich weg. Hau ab, du Jungfrau, zieh Leine!«

Eva wußte auch nicht, was in sie gefahren war. Sie konnte jetzt nicht anders, als den Typ wie eine Gestörte anzuschreien. Sie übergoß diesen Fellhasen mit Beleidigungen. Eva kramte Schimpfworte aus ihrem Kopf, von denen sie gar nicht wußte, daß sie die kannte. Endlich konnte Eva ihre aufgestauten Aggressionen loswerden. Sie knallte dem Haarmonster alles um die Ohren, ihre ganze Wut auf die Männer, gleich noch ihre Wut auf ihren Chef und auf ihre beiden Mitbewohnerinnen. Der Arme mußte für alles bezahlen, Eva schrieb ihm sogar noch offene Beträge auf die Rechnung, die aus der Zeit mit Andy stammten. Starr wie das Kaninchen vor der Schlange saß der Sternenfreund da und war so geschockt, daß er gar nicht gleich davonrennen konnte. So einen wütenden Wassermann hatte diese Jungfrau bestimmt noch nie erlebt.

Also die Sterne, die behaupten wollten, Eva sei an diesem Tag Gewinner in der Liebe, standen wohl hinter dem Mond. Die hatten keine Ahnung. Gegen eins verließ Eva nämlich die Disko – ohne ihren Traummann mitzunehmen. Verdammte Sterne, man sollte euch auf den Mond schießen! So schlecht gelaunt war Eva ja schon lange nicht mehr!

Da half nur noch eines. Ein Telefongespräch mit Monika. Daß sie schon längst schlief, machte nichts. Gute Freundinnen sind immer füreinander da.

»Schlafpause«, posaunte Eva in den Hörer.

Diese Schlafpausen waren die Erfindung von Monika, die gelegentlich um zwei Uhr in der Nacht anrief, um Eva

107

aktuell die endgültige Trennung von ihrem Bernd durchzugeben.

»Schlafpause«, wiederholte Eva, weil Monika auf halbem Weg aus dem Tiefschlaf irgendwo hängengeblieben war. Schnell wurde Monika hellwach und regte sich leidenschaftlich über diesen Sternendeuter auf.

»Also, wenn mein Bernd nur noch Horoskope liest, aber nicht mehr die therapeutischen Bücher – dann trenne ich…«

Monika sprach den Satz nicht zu Ende.

»Entschuldigung, ich darf ja nicht mehr sagen, daß ich mich trennen will.«

»Wehe, du fängst schon wieder damit an«, warnte Eva. Natürlich war sie nicht böse auf Monika. Sie waren ja gute Freundinnen. Und jede wußte, was sie an der anderen hatte. Eva fühlte sich von keinem Menschen so gut verstanden wie von Monika, erst recht natürlich nicht von Männern.

Männer! Die sind doch alle nur oberflächlich, die haben doch kein Gespür für das, was in uns Frauen wirklich vor sich geht. Eva dachte manchmal, ein Planet nur mit Frauen wäre gar nicht schlecht.

Männer sind nur zu einem gut, und darauf kann ich auch verzichten!

19

Schweißgebadet wachte Boris auf und erschrak. Schon wieder so eine komische Nacht?

Boris faßte sich ans Herz, das zum Glück normal schlug. Nicht dieses Stolpern von neulich. Der Schlaf war nur an einem bösen Traum gescheitert. Sein Körper hatte dazugelernt und flippte nicht noch mal aus.

Boris hatte gerade seinen ersten Fernsehauftritt hinter sich. Im Traum. Ein Alptraum. Kandidat bei Schmerzblatt, die Show für den fröhlichen Single, der immer zwei Dinge sucht: Schicke Kleider und schicke Frauen. Mehr braucht er gar nicht.

Boris begann, den wirren Traum zu ordnen und legte die Gedankenfetzen wie ein Puzzle zusammen. Schade eigentlich, daß Boris keinen Therapeuten besuchte, für den wäre dieser Traum ein gefundenes Fressen gewesen.

Dieser Telefonanruf, ja richtig, damit hatte alles angefangen.

Die Mutter am Telefon. Boris hielt ein tragbares Telefon in der Hand, obwohl er doch keines besaß. Die Mutter befahl, mit dem Telefon in den Flur zu gehen. »Und jetzt öffnest du die Badezimmertür, aber schnell!« Boris gehorchte. Verschlafen öffnete er die Tür – und stand im grellen Scheinwerferlicht. Beifall brandete auf. Wer, um Himmels willen, saß in seiner Badewanne und klatschte ihm zu? Erst jetzt erkannte Boris, daß sich hinter seiner Badezimmertür kein Badezimmer befand – sondern das Fernsehstudio vom Schmerzblatt.

»Laß dich überraschen«, trompetete die Mutter am Telefon, »mein Sohn, das ist deine letzte Chance. Du mußt gewinnen, sonst wirst du nie mehr im Leben eine Frau finden. Sonst kannst du nie eine Frau wachküssen. Streng dich an, damit die Kandidatin dich nimmt.«

Seine allerletzte Chance! Fanfarenklänge, ein Traum im Trommelwirbel. Am meisten schmerzte in den Ohren aber der gutgelaunte Moderator. Sein holländischer Akzent klang verzerrt, wie ein Kratzgeräusch, das entsteht, wenn man mit dem Fingernagel an der Tafel reibt. Boris wollte sich die Ohren zuhalten und entdeckte bei dieser Gelegenheit, daß seine Igelborsten flachlagen. Wo war der verdammte Gel-Topf? Engelsstimmen flöteten.

»Halleluja, wann darf ich dich wachküssen, mein Sü-hü-ßer?«

Mit tiefer Stimme brummte die Kandidatin hinter ihrer Trennwand mit, die aus bizarr verknoteten Telefonhörern und Kabeln bestand. Sü-hü-ßer.

Boris ließ die Fernsehsendung niemals aus, er machte sich gern lustig über Singles, die dort auftraten. Selbst wäre er nie auf die Idee gekommen, sich zu melden. Boris, jetzt wieder wach, dachte an seine panische Angst vor Soloauftritten vor großer Menge. Im Jugendhaus hatte er immer weit hinten gesessen, wenn vorne irgendeine Komikertruppe tobte, die nichts lieber tat, als störrische Zuschauer der ersten Reihen auf die Bühne zu zerren, um sie dort unter Beifall des Publikums bloßzustellen, das besonders kräftig klatschte, weil es – ätsch! – einen anderen getroffen hatte.

Und weiter, wie ging der Traum weiter? Boris überlegte, es fiel ihm ein, daß er in seiner Jackentasche eine Pistole gesucht hatte, um entweder den Holländer oder seine Mutter zu erschießen.

Schon stieß die Kandidatin die erste Frage aus. Coole Stimme, tiefer Klang, ein Frauenbaß, der angst machte. »Kandidat Nummer eins, meine Katze Susi ist mein ein und alles. Nichts mache ich lieber, als sie stundenlang zu streicheln. Was unternimmst du, um meine Katze abzulösen und an ihre Stelle zu treten?«

Ausgerechnet eine Katzenfrage. Wieder flöteten Engelsstimmen. »Halleluja, wann darf ich dich wachküssen, mein Sü-hü-ßer?« Boris konnte zwischen den Telefonhörern hindurchsehen und erkannte, daß die mitbrummende Kandidatin eine Raubkatze war, bestimmt eben erst aus dem Zirkus ausgebrochen.

Kandidat eins überlegte nicht lange. Je direkter die Antworten unter die Gürtellinie zielten, desto mehr Beifall.

Kandidat eins: »Ich miaue ein bißchen und wedle mit meinem Schwanz. Der ist noch viel größer als der von deiner Katze, die dich dann nicht mehr interessiert!« Applaus, Applaus! Männerlachen wie im Bierzelt. Boris blickte zu Kandidat eins, der tatsächlich mit seinem Schwanz wedelte. Mein Sü-hü-ßer.

Auf, Kandidat zwei!

»Ich lade deine Katze in ein Drei-Sterne-Restaurant zu frischer Leber in fünf Gängen ein. Und dann schnurre ich dir was vor. Komm, meine Mieze, mich darfst du nicht nur streicheln, denn bei mir sind nicht nur die Schnurrhaare steif.« Eine steife Brise wehte durchs Studio. Halleluja.

Applaus, Applaus. Männerlachen wie im Bierzelt. Trommelwirbel, der sich anhörte wie das Abfeuern von Maschinengewehrsalven. Pengpengpengpeng.

Die beiden anderen Kandidaten lachten bereits Boris aus, der nun antworten mußte. Ihr Hahaha war lauter als das Pengpengpeng.

»Was machst du?« schnurrte die Raubkatze hinter den Telefonhörern.

Peinliche Stille. Augenblicklich hörten die Maschinengewehre auf, herumzupengen. Der ganze Saal hing an seinen Lippen. In der ersten Reihe saß Arnold mit Riesenaugen. Die Raubkatze streckte ihren Raubkatzenkopf zwischen den Telefonhörern hindurch.

Was machst du, was machst du, was machst du?

»Ist doch klar«, schrieb Boris, »ich würde deine Katze ersäufen, ertränken, sie soll jämmerlich untergehen!«

Und schon legten die Maschinengewehre wieder los. Alle im Saal hatten so ein Ding in der Hand und zielten auf Boris, der den Kugeln auszuweichen versuchte, indem er wie ein Gestörter hin und her sprang.

Boris rettete sich durch einen Sprung in die komische Trennwand. Die Telefonkabel schnürten ihm die Kehle zu. Ein Telefon klingelte. Die Mutter.

»Eine arme, kleine Katze ersäufen, widerlich. Damit willst du ja nur mir weh tun, wo ich doch die Katze von Arnold so liebe. Du bist und bleibst ein Versager. Jetzt ist alles aus, du wirst nie wieder eine Frau haben. Das war deine letzte Chance.«

Aus, vorbei. Dabei hatte sich die Raubkatze noch nicht entschieden. Sag an, wer soll dein Schmerzblatt sein? Der

Moderator! Die Raubkatze wollte den Moderator, auf den sie sich stürzte und den sie zerriß. Prasselnder Beifall, die Hände machten Pengpengpeng. Boris ergriff die Flucht. Nichts wie raus aus diesem Badezimmer! Krachend schlug er die Tür zu und wachte davon auf. Puuuh, Boris zitterte. Was für dummes Zeug habe ich nur geträumt?

Wenn ich mal Zeit habe, dachte Boris, werde ich diesen Traum analysieren.

Eigentlich mußte er ja jetzt aufs Klo. Doch in dieses Badezimmer wollte er nicht mehr, nie mehr!

Hatte es dort nicht gerade so komisch geknallt? Pengpengpeng.

Schon als Kind hatte Boris diese komischen Träume gehabt. Plötzlich war er aufgewacht, zitterte am ganzen Körper und konnte sich nur dunkel an seinen Traum erinnern. Es blieb davon keine konkrete Erinnerung, nur diese schreckliche Angst. Boris rannte in Mutters Schlafzimmer, wenn sie keinen Männerbesuch hatte. Sonst hätte er sich das nicht getraut.

Junge, was ist schon wieder los? Die Mutter sieht ärgerlich aus. Laß mich schlafen! Es ist doch alles gut, murmelte sie genervt. Warum fragt sie nicht, was ich gerade geträumt habe? Warum nimmt sie alles immer so locker? Enttäuscht schleiche ich wieder in mein Zimmer. Wenn sie mir doch wenigstens mal erlaubt hätte, in ihrem Bett zu schlafen. In diesem Bett, da bin ich mir sicher, fallen keine solche Träume über mich her.

20

Die Landtagswahl hatte diesen Stadtteil berühmt gemacht. 23 Prozent für die Republikaner. Ein kräftiger Aufschrei der Zukurzgekommenen. Das große Geld umfuhr diesen Stadtteil weiträumig, der aus Hochhäusern bestand, die grau und wirr in den Himmel ragten und ziemlich krank aussahen. Sie schienen sich zu schämen, weil sie so häßlich waren.

Kahle Hochhäuser mit ebenso kahlen Schuhschachtelwohnungen. Das trostlose Dokument einer verfehlten Politik, die den sozialen Wohnungsbau für neues Raketenwunderwerk geopfert hatte.

Regelmäßig kamen Busse mit Soziologiestudenten, die über die armen Ausländer und einfachen Arbeiter herfielen, um sie später in ihren Diplomarbeiten mit einer klebrigen Brühe aus Mitleid zu übergießen. Zum Glück lasen die Bewohner des Stadtteils niemals diese Diplomarbeiten, deren Worte so verständlich waren wie die chinesischen Schriftzeichen in der Originalausgabe der Mao-Bibel. Für die Soziologiestudenten waren die Bewohner des Stadtteils das gleiche wie für Medizinstudenten die Versuchsratten. Der Vergleich hat was für sich. Auch die Mieter dieser Sozialwohnungen, sozial längst abgeschrieben, mußten sich manchmal wie Ratten vorkommen, vor denen sich die feinen Stadtteile ekelten.

In einer dieser unzähligen Schuhschachtelwohnungen lebte der Türke Mustafa Hüsu mit Frau und fünf Kindern. Eva hatte sich mit ihm nach Feierabend verabredet, mit dem Kronzeugen ihrer Skandalgeschichte, die sie recherchieren wollte, ohne zunächst ihrem Chef etwas davon zu erzählen. Deshalb fuhr sie an diesem Freitagabend in dieses Hochhausghetto, das am Abend noch eine Spur trostloser aussah, was im Grunde gar nicht mehr ging. Es gibt ja auch keine Steigerungsform für einzigartig.

Überschwenglich begrüßte der freundliche Türke die Journalistin und wies sofort seine ebenso freundliche Frau an, einen türkischen Tee zu brauen. Soviel Gastfreundschaft hatte Eva bisher nur selten erlebt. In dieser tristen Wohnung kam ihr eine menschliche Wärme entgegen, die Eva vergessen ließ, daß sie die Türken doch gar nicht kannte. Das mußten Freunde sein, gute, alte Freunde. »Sie können Mustafa zu mir sagen«, bot der Türke gleich das Du an.

Eva sah sich in dieser Schuhschachtelwohnung um, die älter war als sie selbst und noch immer auf die längst überfällige Renovierung warten mußte. Putz bröckelte von der Wohnzimmerdecke, im Flur hatte Eva dunkle Schimmelflecken entdeckt.

Das Wohnzimmer mit der lustigen Blümchentapete platzte aus allen Nähten. Kinderwagen, Wäscheständer, Bügelbrett, eine Schrankwand vom Sperrmüll, ein abgewetztes Sofa, das in der Nacht den beiden Söhnen als Bett diente. Nervende Enge auf zwölf Quadratmetern. Zwölf Quadratmeter, die das Familienleben gefährdeten. In dieser Enge mußten Aggressionen ja wie von selbst wuchern.

Mustafa sprach in gebrochenem Deutsch. Zwar lebte er bereits seit fünfzehn Jahren in dieser Stadt, doch wie will man schon die Sprache lernen, wenn man in einem Käfig lebt, eingeschlossen in zwölf Wohnzimmerquadratmetern, in der ja nicht mal die Familie genug Platz hatte, geschweige denn deutsche Freunde mit ihren hohen Ansprüchen, die man hierher nie einladen konnte. Halb so schlimm. Deutsche Freunde gab's ja sowieso keine, auch gut, so konnte man immer türkisch sprechen. Der freundliche Türke kannte natürlich die deutschen Worte, die er für seine Arbeit am Fließband brauchte. Doch mehr war gar nicht nötig.

Der türkische Tee dampfte, während die fünf Kinder ins Schlafzimmer der Eltern geschickt wurden, das gleichzeitig das Kinderzimmer der drei jüngsten Töchter war. Fünf kleine Türkenkinder mit lustigen Augen, die noch gar nicht sahen, wie trostlos ihre Schuhschachtelwohnung aussah. Sie kannten ja auch nichts anderes.

In gebrochenem Deutsch erzählte der Türke, wie er sich damals über den Berechtigungsschein für diese Sozialwohnung gefreut hatte. Bisher hatte sich die Familie auf zwei Kellerzimmer verteilen müssen, die zehn Meter auseinan-

114

derlagen. In dem einen dunklen Loch der Vater mit den beiden Söhnen, in dem anderen die Mutter mit den drei Töchtern.

Der überraschende Aufstieg in der Notfallkartei war ihm schon einen Tausender wert. So was kannte der Türke aus seiner Heimat, wo ohne Bakschisch nichts lief. Von seinen Freunden hatte er gehört, daß man diesen Tausender mit aufs Wohnungsamt mitnehmen mußte, um schneller eine Wohnung zu bekommen. Alle würden es so machen, alle. Er sei nun bereit, darüber zu sprechen. Denn er würde bald umziehen in eine größere Wohnung, die er durch Zufall von einem Verwandten übernehmen konnte, der genug von diesem neu entflammten Rassismus hatte und zurück – deutsches Wirtschaftswunder ade – in die Türkei ziehen wollte.

Die anderen aber würden niemals vor Gericht gegen den Chef des Wohnungsamtes aussagen, weil sie einfach Angst davor hatten, dann wieder ihre Sozialwohnung zu verlieren.

Eva freute sich schon auf ihre Geschichte. In Gedanken schrieb sie bereits einen bissigen Kommentar, mit dem sie es allen heimzahlen wollte, die an dieser elenden Wohnungsnot schuld waren. Ihre Haßtirade würde bis ganz nach oben klettern, bis zum Bundeskanzler, der sich zwar wunderte über den Aufstieg der Republikaner, der aber nichts dagegen unternahm.

Der freundliche Türke wollte sie kaum gehen lassen. Schnell kramte er noch ein Familienalbum hervor, in dem Eva nur glückliche Gesichter entdeckte, fotografiert in der türkischen Heimat. Jetzt kehrten die Kinder ins Wohnzimmer zurück, neugierig, aus sicherer Entfernung starrten sie Eva verstohlen aus dem Türrahmen an – wie einen Marsmenschen, vor dem sie offensichtlich keine Angst hatten, denn sie lächelten so süß. Sind die süß! Eva spürte plötzlich mütterliche Gefühle.

Schließlich schaffte es Eva doch noch, sich zu verabschieden und sich von den süßen Türkenkindern zu trennen.

Daheim fand sie einen Zettel vor, den Sabrina mit harter, wohl wütender Schrift geschrieben hatte. »Ruf deine Mutter an, sofort!«

Eva ging ans Telefon und hörte die weinerliche Stimme ihrer Mutter.

»Der Vati ist in die Kneipe gegangen!« heulte die Mutter. Eva wußte, daß er so was sonst nie tat. Die Mutter konnte kaum erzählen, was passiert war, so sehr kämpfte sie mit ihren Tränen. An diesem Tag hatte Evas Vater erfahren, daß er vorzeitig in den Ruhestand mußte. Schon mit einundsechzig. Der Vater sollte seinen geliebten Managerstuhl für einen Fünfunddreißigjährigen räumen. Eva wußte, daß ihn das genauso hart treffen mußte wie der Tod der eigenen Tochter.

»Der Vati hat geheult, ja, er hat wirklich geheult«, berichtete die Mutter und mußte darüber selbst heulen. Eva hatte ihren Vater noch nie heulen sehen. Bisher dachte sie, er besaß gar keine Tränen. So ausgetrocknet war seine Seele.

»Sei froh, Mutti«, sagte Eva, »zum erstenmal in seinem Leben hat er dir seine Gefühle gezeigt.«

Dieser Trost aber erreichte Evas Mutter nicht, die sich schon ausmalte, wie schlimm der vorzeitige Ruhestand für beide werden würde.

»Endlich habt ihr Zeit füreinander«, sagte Eva, doch genau davor hatte die Mutter doch so große Angst. »Ihr könnt verreisen, etwas von der Welt sehen.« Eva redete und redete, konnte damit jedoch die Mutter nicht fassen, die in einem Meer aus Tränen zu ertrinken drohte.

»Ich werde euch bald besuchen«, versprach Eva.

Doch Lust hatte sie dazu nicht.

21

Geht jetzt gleich die Welt unter? Der Himmel hatte sich dunkelgrau verfärbt. Aus der Ferne schlich sich ein Donnergrollen heran, das ziemlich zornig klang. Gleich mußte die Natur in Deckung gehen, das gnadenlose Unwetter würde kein Erbarmen kennen. Die wütenden Wolken luden sich bereits auf, um wenig später der Erde mit einem wilden Blitzlichtgewitter Angst einzujagen. Es war so dunkel, als habe die Sonne schon kapituliert. Boris mußte das Licht anschalten, dabei war es gerade mal sechs Uhr abends. Nur noch eine Stunde blieb ihm für den letzten Schönheitsschliff. Lächelnd hatte sich Boris vor dem Badezimmerspiegel aufgebaut. Er gab sich große Mühe, mit viel Gel seine Chance für den Abend noch weiter zu steigern. Eine neue Verabredung. Conny. Sie hatte auf seine Anzeige im Stadtmagazin mit dem sogenannten Chiffre-Expreß geantwortet. Wer mehr bezahlte, mußte nicht auf die Sammelpostsendung warten, sondern wurde einzeln und sofort verschickt.

Conny, eine Lehrerin für Sport und Englisch, hatte sich am Telefon nicht mal schlecht angehört. Vielleicht werde ich die bald wachküssen, überlegte Boris und verließ – wie immer viel zu spät – seine gestylte Wohnung. Eine neue Kondompackung hatte er nicht kaufen müssen, die alte, die für Sonja, lag noch immer ungeöffnet auf seinem Nachttisch.

Draußen hatte der Himmel bereits seine Schleusen geöffnet. Es regnete, wie die Engländer sagen, Katzen und Hunde. Solche Redensarten mochte Boris nicht.

Das Stadtmagazin, das Erkennungszeichen, würde ja total aufgeweicht. Conny war unter das Dach eines Hauses geflüchtet, das in der Nähe des Brunnens stand. Ob Conny schon wütend war, weil es Boris wieder mal nicht geschafft hatte, pünktlich zu erscheinen?

Der erste Eindruck: nicht schlecht. Eine schlanke Frau

mit frecher Kurzhaarfrisur. Kecker Blick, wache Augen. Hochgewachsen, ausgesprochen sportlich. Die Figur einer Hundertmeterläuferin. In Null Komma nix kam Boris von null auf hundert. Mit ihr würde er gern einen olympischen Rekord aufstellen. Disziplin: Ringen. Wer legt wen aufs Kreuz? Die Sportskanone trug einen roten Mantel, und Boris liebte Rot. Jetzt vergaß er sogar die widerlichen Katzen, die feucht und naß herunterprasselten.

Diese Conny hätte er im Normalfall durchaus mit ins Abwärts nehmen können. Trotzdem entschied sich Boris wieder für die Mausefalle. Wer weiß, vielleicht saß ja Fritz im Abwärts und hätte Conny mit Gummibärchen – komm, komm, komm – von Boris weggelockt.

Fritz war zwar sein bester Freund, aber Boris konnte nicht sicher sein, ob diese Freundschaft auch im Gockelkampf um schöne Frauen hielt.

Conny sagte gar nichts. Still saß die Sportlehrerin mit ihrem naßen Kurzhaarschnitt vor ihrem ebenso stillen Mineralwasser und ließ Boris kommen. Umständlich erzählte Boris, daß er noch nie eine Kontaktanzeige aufgegeben habe, weil er ja keine Probleme habe, Frauen auch »normal«, wie er sagte, kennenzulernen.

Der stechende Blick von Conny irritierte Boris, der sich vorkam wie bei seiner mündlichen Abiprüfung. Warum sagt die nichts? Deshalb beschloß Boris, nun der strengen Prüferin seinerseits Fragen zu stellen.

»Hast du schon mal auf Kontaktanzeigen geantwortet?« wollte Boris wissen.

»O ja, schon mindestens dreißigmal. Seit einem Jahr. Du ahnst nicht, was für Typen ich kennengelernt habe.«

»Und da war nichts dabei für dich?«

»Weißt du, meine Ansprüche sind hoch«, erklärte Conny und kramte einen Notizblock hervor.

»Hier schau, zum Beispiel dieser Thomas. Acht Punkte, höchstens, da war ich noch großzügig.«

»Was für acht Punkte?«

»Ach so, du kennst nur die alten Noten. Acht Punkte, das ist eine drei plus. Also befriedigend, eben Durchschnitt. Kein Mann fürs Leben.«

»Nein, ich meine, wie kommst du auf acht Punkte?«

»Die hat er von mir gekriegt. Das ist die Durchschnittsnote, die sich zusammensetzt aus der Charakternote, der Schönheitsnote, der Charmenote, der Pünktlichkeitsnote und der Romantiknote«, dozierte die Lehrerin.

Kaum zu glauben, dachte Boris, die gibt ihren möglichen Lovern Noten wie ihren Schülern. Wie würde die Bewertung erst hinterher ausfallen, also dann, wenn die Zigarette danach qualmte?

»Und hier, dieser Fritz. Sechs Punkte, mehr nicht«, fuhr Conny fort, die nun plötzlich auftaute, so daß sich die zunächst festgefrorenen Worte in einen Wasserfall verwandelten. Eine Überschwemmung, genau wie draußen auf der Straße. »Der Kerl hat mir bei unserer ersten Verabredung Gummibärchen geschenkt. Das war ja noch ganz nett, aber sonst kannst du ihn vergessen!«

Gummibärchen! O Gott, diesen Fritz kannte Boris nur zu gut. Hatte der Kerl also auch heimlich eine Kontaktanzeige aufgegeben und nichts davon erzählt? Das soll ein Freund sein? Dabei hatte Boris seinerseits allerdings auch den Ausflug ins Dickicht der Chiffre-Nummern verschwiegen. Ist auch irgendwie peinlich. Welcher Mann gesteht seinem Freund schon irgendeine Schwäche ein? Und so eine Anzeige war Schwäche, fand Boris, der jedoch selbst nie auf eine Anzeige geantwortet hätte. Da war die Gefahr zu groß, daß sich hinter dieser Chiffre-Nummer womöglich die dicke Sekretärin aus seinem Ausschnittdienst-Büro verbarg. Die sollte nicht wissen, daß Boris so was nötig hatte. Er doch nicht.

»Weißt du noch, was für eine Anzeige dieser Fritz aufgegeben hatte?« fragte Boris.

»Na klar«, antwortete Conny, »ich hab' die Anzeige ja zu seiner Bewertung ins Notenbuch geklebt.«

Conny las vor.

»Ich möchte dein Gummibärchen sein. Komm, vernasch mich!«

»Und weiter?«

»Weiter nichts! Nur zwei Sätze, der Fritz ist so sparsam wie du. Auch du hast ja nur zwei Sätze aufgegeben, weil's nicht so viel kostet. Sparsame Männer gefallen mir, die schmeißen dann auch später in der Ehe nicht das Geld zum Fenster raus.«

Keine Ahnung, meine Süße, dachte Boris. Ich habe doch nicht ans Geld gedacht, sondern mit Absicht nur wenig geschrieben, damit Traumfrauen neugierig werden, Traumfrauen, nicht solche wie du.

»Und wie war das dann mit diesem Fritz?« bohrte Boris.

»Nichts war, du weißt, sechs Punkte. Eigentlich müßte ich sagen sex Punkte, der Kerl denkt ja nur an Sex. Dabei hat er einen Bierbauch.«

Nein, dachte Boris, einen Gummibärchenbauch.

»Und wieviel Punkte bekomme ich?«

»Mal sehen. Fürs Aussehen gibt's, sagen wir elf Punkte.«

»Nur elf Punkte?« fragte Boris und konnte seine Enttäuschung nicht verbergen. Unser eitler Freund hielt sich doch für schön genug für 15 Punkte. Allein schon die Igelfrisur, für die müßte er doch eins plus mit Sternchen kriegen, mindestens.

»Mehr kann ich dir leider nicht geben«, bat Conny wie eine besorgte Lehrerin – sie war Lehrerin! – um Verzeihung, »da müßtest du schon noch ein bißchen mit Hanteln trainieren.«

Nachhilfe im Fitneß-Studio, oder was?

Boris ärgerte sich. Seit wann ist den Frauen der Muskelumfang von uns Männern wichtig? Boris redete sich immer ein, daß Frauen auf was ganz anderes schauten. Entweder eben auf seine tolle Igelfrisur oder auf seinen Po, und der saß bei ihm heute wunderbar prall in der roten, engen 501-Jeans. Vielleicht hätte er ja aufstehen und seiner strengen Lehrerin den Hintern entgegenstrecken müssen.

Boris fühlte sich komisch, wie vor zehn Jahren im Abitur. »Und welche Noten bekomme ich sonst noch?« fragte Boris und zitterte ein wenig, so nervös wie in seiner Abiprüfung.

»Die Pünktlichkeitsnote... null Punkte.«

»Danke, und sonst?«

»Du meinst die Charakternote? Schwer zu sagen. Du hättest am Anfang freundlicher sein können. Warum hast du mir nichts mitgebracht? Beim Fritz waren es wenigstens Gummibärchen. Also sagen wir, im Charakterfach gibt's bei dir acht Punkte, und damit kommst du gut weg.«

Jetzt fehlte nur noch, dachte Boris, daß diese Lehrerin Noten in Betragen und Mitarbeit verteilt, und das waren schon in der Schule seine schlechtesten.

Boris entschied, in dieser Prüfung durchzufallen. Mit Pauken und Trompeten. So eine Frau konnte er wirklich nicht gebrauchen, die ihn sein ganzes Leben lang benotet und ihn nach Belieben dazu verdonnert, zwischendurch mal sitzenzubleiben. Nein, mit ihr wollte er doch keine Goldmedaille im Bettringen gewinnen.

Verdammte Anzeige im Stadtmagazin, ein hundertprozentiger Flop. Boris ärgerte sich so sehr, daß er gar nicht mehr hörte, wie die Lehrerin ihm 14 Punkte gab. Im Fach Romantik.

»Deine Anzeige ist wirklich sehr romantisch«, schwärmte die Oberstudienrätin, »ein Mann, der nur ans Wachküssen denkt, wunderbar. Davon träumen wir Frauen. Du bist nicht so primitiv wie Fritz.«

Danke, dachte Boris. Träum weiter, meine Gute. Dein Traummann bin ich sowieso nicht, dafür fehlen mir ein paar Zentimeter Bizeps. Schade eigentlich. Sonst hätte er ihr mit seiner Muskelkraft eine knallen können. Draußen grollte die Welt. Dumpfte Donnerschläge, ein Unwetter, direkt aus der Irrenanstalt ausgebrochen. Wütend blies der Wirbelwind aus allen Backen und jagte erschrockene Papierfetzen die Straße hoch und runter. Weltuntergangsstimmung, die Boris doppelt spürte – auch tief in sich drinnen.

22

Das Gewitter hatte gutgetan und die dunklen Wolken fortgejagt, die nun der Sonne Platz machen mußten. Ein wunderschöner Maitag, noch dazu ein Sonntag. Eva entschied, doch nicht zu ihren Eltern zu fahren. Sie müsse arbeiten, behauptete sie. So konnte sie sich mit Ute, ihrem Freund Peter sowie deren griechischer Freundin Maria zu einem Ausflug ins Grüne verabreden. Den hatte sie dringend nötig!

Kurz bevor Eva gehen wollte, rief Monika an. Endlich! Am Samstag hatte sie nichts von sich hören lassen und war auch nicht ans Telefon gegangen, obwohl es Eva mindestens hundertmal versucht hatte. Ein Tag ohne ein Telefongespräch mit Monika schien so unvorstellbar wie der 20-Uhr-Glockenschlag ohne Tagesschau.

»Bernd, dieses Schwein, hat das Telefonkabel zerschnitten. Damit ich nicht ständig mit dir telefoniere. Der Kerl behauptet glatt, du würdest ständig versuchen, mir ihn auszureden. Total bescheuert!«

Monika rief aus einer Telefonzelle an.

»Ich werde mich endgültig von ihm trennen!« behauptete Monika, doch Eva wußte, daß sie es sich bald schon anders überlegen würde.

Eva fuhr mit ihren Freunden an einen etwas versteckt gelegenen, weniger überlaufenen Baggersee. Der sonnige Mai duftete nach Freiheit, aber nicht nach Abenteuer. Dafür dürfte das Wasser noch zu kalt sein. Aber für ein Picknick auf der Wiese reichte es allemal.

Die drei Frauen kicherten unentwegt auf dem langen Weg vom Waldparkplatz zum See. Peter schwieg. Maria, die lustige Griechin, klapste dabei ständig allen keck auf die Schulter. Mit weit ausholenden Schritten bestiegen sie schließlich die hohe Böschung des Sees. Tief unten glitzerte das Wasser wie ein Weihnachtsstern. Eva genoß den Blick auf das frische Grün der Wiese, wo sich doch schon einige Sonnenanbeter rekelten. Der See wurde schon lange nicht mehr für die Zwecke genutzt, denen er seine Entstehung verdankte und war über die Jahre wieder rundherum hübsch zugewachsen. Alles so beschaulich, alles so friedlich. Es war, als würden auch ihre Sorgen immer kleiner. Mit jedem Meter, den sie nach unten zur Wiese stiegen, schrumpften die Probleme und waren bald gar nicht mehr zu sehen.

Da störte es nicht mal, daß Ute unentwegt von ihren letzten Vorbereitungen für Martinas Geburtstagsfest erzählte. Ihr Auftritt sei diesmal besonders originell. Ihr kommt doch alle? Peter sagte dazu gar nichts mehr. Er hatte es irgendwann mal aufgegeben, zu irgendwas noch irgendwas zu sagen. Das war eben seine Art, und seine Freunde hatten es akzeptiert. Keiner regte sich mehr darüber auf. Sonnen- und auch sonst hungrig setzte sich Eva mit ihren Freunden ins Gras, in sicherer Entfernung von den andern.

Maria lenkte das Thema des Gesprächs auf die Vergangenheit. Die Frauen sprachen wie alte Großmütter, die sich sonntags auf der Marktplatzbank treffen, um Erinnerungen nachzuhängen.

»Wie war das bei euch, beim erstenmal?« wollte Maria wissen.

Ute, die Schauspielerin, ergriff zuerst das Wort.

»Eine Katastrophe!« sagte Ute theatralisch.

»Bei dir auch?« freute sich Eva.

»Bei mir auch«, pflichtete Maria bei.

Die drei Frauen kicherten. Peter schwieg.

Ute ging nun in Details.

»Meiner hieß Günther. Ein netter Kerl, der aber keine Ahnung davon hatte. Angeblich war es nicht sein erstes Mal, doch er stellte sich noch schlimmer an. Dabei hatten wir so lange darauf warten müssen, bis sich eine Gelegenheit dazu ergab. Erst als seine Eltern mal verreisten, konnte die Sache stattfinden. Es war nur so lange schön, bis Günther vor lauter Geilheit vergaß, daß es mich auch noch gab. Dann war Günther nur noch brutal, was zum Glück schnell vorbeiging, weil Günther ruckzuck fertig war, noch bevor ich irgendwas gespürt hatte.«

Jetzt war Maria an der Reihe.

»Mit siebzehn bin ich mit einem Klassenkameraden auf dessen Mofa durchs griechische Dorf gefahren, was sich sehr schnell herumgesprochen hatte. Mein Vater war richtig zornig. Mit einem Mann auf dem Mofa! Er schimpfte so, als ob ich den Typ mitten auf dem Marktplatz geliebt hätte. Er sah meine Ehre gefährdet, obwohl wir doch nur Mofa gefahren sind. Aber das gehörte sich nicht für ein griechisches Mädchen, sich mit einem jungen Mann in der Öffentlichkeit zu zeigen. Mein Vater führte sich unmöglich auf. Warum kümmerte er sich um meine Ehre? Es war doch meine, nicht seine. Ich wußte, daß ich jetzt diese Ehre verlieren mußte, um meinen Vater zu bestrafen. Der Mofafahrer schien mir dafür zu unerfahren, also ging ich zu meinem Gitarrenlehrer, ein verheirateter Mann, damals etwa fünfunddreißig Jahre. Ganz offen sagte ich ihm, was ich von ihm wollte. Der Gitarrenlehrer überlegte gar nicht lange, und so geschah es. Es war fürchterlich! Aber ich hatte es ja auch nur für beziehungsweise gegen meinen Vater getan!«

Immer diese Väter, dachte Eva und erzählte:

»Wolfgang war mein erster Freund, so mit achtzehn. Ich habe ihn wirklich geliebt. Wir waren schon ein Jahr zusammen, ohne miteinander zu schlafen. Das war irgendwie kein Thema für uns, weil die Liebe auch so wunderbar war. Dann hat sich Wolfgang von mir getrennt, weil er sich in eine andere Frau verliebt hatte. Ich sah ihn mindestens ein

Jahr nicht mehr, bis wir uns beim Studieren wiedertrafen. Jetzt wollte mich Wolfgang wieder, aber nicht als seine Freundin, sondern als seine Geliebte. Ich schlief mit ihm, obwohl ich wußte, daß er mich gar nicht richtig wollte. Während ich ihn noch wirklich liebte, wollte er nur Sex mit mir. Deshalb habe ich es nicht genießen können. Ständig hatte ich Angst, mich falsch zu verhalten. Ich hatte Angst, ihn zu verlieren. Und ich habe ihn dann auch schon bald verloren. Obwohl mein Sexualleben so bescheuert begonnen hat, habe ich es immer wieder versucht. Es konnte ja nur noch besser werden. Wäre das erste Mal bei uns Frauen entscheidend, wir würden nie wieder mit einem Mann ins Bett steigen.«

Peter schwieg.

»Und wie ist das bei euch Männern?« bohrte Maria, »ist das erste Mal bei euch auch so schlimm?«

Peter schaute verlegen weg. Die drei Frauen kicherten. Er schämte sich, davon zu sprechen. Doch die Frauen ließen nicht locker, ganz besonders Ute, die ihren Freund zwang, endlich sein erstes Mal zu erzählen.

Peter überlegte, ob er die Wahrheit vortragen sollte oder lieber eine gut erfundene Lüge. Peter entschied sich für die Mitte. In seiner Erzählung war er bei seinem ersten Mal siebzehn, obwohl er in Wirklichkeit schon zwanzig gewesen war. Daß diese Lüge natürlich gleich herauskam, weil sein erstes Mal im Auto geschah, bedachte er nicht.

»Mit dem Auto meiner Mutter habe ich Sibylle abgeholt und bin mit ihr auf einen einsamen Parkplatz gefahren. Es war dunkel. Licht ausgemacht, Liegesitze runtergeklappt, Hose ausgezogen. Zunächst ging bei mir nichts, so aufgeregt war ich. Aber Sibylle war schrecklich zärtlich und richtete mich wieder auf, das heißt ein bestimmtes Teil von mir. Es war sehr schön.« Der letzte Teil der Geschichte stimmte wieder nicht. Denn es war gar nicht schön, weil sich Peter viel mehr davon versprochen hatte.

Als die Picknickbrote unter viel Gelächter aufgegessen

waren, zogen alle vier Freunde Schuhe und Socken aus und krempelten – sofern vorhanden – die Hosenbeine hoch. Juchzend stürmten sie über die Wiese an das Ufer des Sees, und als sie sich ausgiebig davon überzeugt hatten, daß das Wasser zum Schwimmen tatsächlich noch zu kalt war, traten sie allmählich den Heimweg an.

Beim Aufstieg über die Böschung kam Eva, die Raucherin, ganz schön ins Keuchen, und bei dem Gang durch den dunklen Wald wurde es merklich kühler. Die Probleme würden wieder wachsen, wußte Eva.

23

Scheiß-Anzeige im Stadtmagazin! Boris mußte sich allmählich was anderes überlegen, um endlich auf Frau Richtig zu stoßen. Ein Glück, daß Boris, aus Berufsgründen, ein Vielleser war. So lernte er in einer Serie über Singles, daß die Anmache im Supermarkt gerade total trendy war. Man müsse nur schauen, was die jungen Frauen beim Einkaufen in ihren Wagen werfen. Wer in kleinen Mengen einkauft, lebt allein. Beim Warten an der Kasse könne man ja das erste, unverbindliche Gespräch führen. Ach, die Tomaten sind ja heute wieder so teuer. Haben Sie auch das billige Suppenhuhn gesehen, heute im Angebot? Gemeinsam schmeckt die Hühnersuppe doch viel besser! Ich hätte noch einen Löffel frei! Boris wählte den größten Supermarkt der Stadt aus. Da ist die Auswahl bestimmt am größten. Nicht die Auswahl in den Regalen, die war ihm nämlich egal. Boris schob einen riesigen Wagen vor sich her. Aus den Lautsprechern säuselte tatsächlich John Lennon. Der würde sich im Grab rumdrehen, wenn er das wüßte. Jetzt mußte sein sanfter Gesang die Kaufgelüste steigern. Kaufen, kaufen, kaufen! Je größter der Supermarkt, desto größer die Kaufgier. Plötzlich lagen Dinge im Einkaufswagen, die man gar nicht brauchte. Und wenn man sich im

Eifer des Gefechts mal einen anderen Wagen schnappte, war's auch egal. Auch da lagen nur unnötige Dinge drin.

Boris suchte zwischen den Regalen nach Frauen. Verdammt, er konnte nur Muttis mit Kindern entdecken. Im Einkaufswagen einer niedlichen Blondine fand Boris Whiskas. Durchgefallen, eine Frau mit Katzenfutter! Nur nicht gleich aufgeben, Boris. Wer eine hübsche Mitesserin für seine Hühnersuppe sucht, braucht Geduld, viel Geduld.

Und endlich, vor dem Regal mit Miracoli, das Lieblingsgericht aller Singles, entdeckte er tatsächlich eine junge Frau – eine Rotblonde, sieh an! –, die nach der grünen Ein-Personen-Packung mit den Vollkorn-Spaghetti griff.

»Die schmecken gut«, sagte Boris ganz mutig.

»So?« Die Frau musterte ihn von der Seite.

Wie gut, dachte Boris, daß ich mich für den Supermarkt so gestylt habe wie fürs Baghwan. Seine Gelhaare standen wieder wie 'ne Eins. Und dann die dunkelrote Jacke, die schönste, hatte er zum Einkaufen angezogen.

»Machen Sie Spaghetti auch immer al dente?« fragte Boris.

»Was bitte?«

Verdammt, seine Traumfrau verstand kein italienisch. Die hat wohl keinen Biß, die ist selbst nicht al dente. Aber dann immer den Italiener im Mann suchen, was?

Boris mußte übersetzen. »Al dente, das heißt, mit Biß!« Endlich nickte seine Supermarktbekanntschaft. »Und dann muß man noch ein wenig Butter dazugeben. Und in die Soße schneide ich immer etwas Paprika, Zwiebeln und Salami, schmeckt wunderbar«, dozierte Boris wie ein Meisterkoch.

»Keine Ahnung«, sagte die Miracoli-Frau, »die Packung ist ja nicht für mich. Die bring ich meiner Nachbarin mit. Meiner Familie würde das bißchen Spaghetti ja nicht reichen. Sie wissen gar nicht, wie hungrig meine vier Kinder sind!«

Boris erschrak. Die niedliche Traumfrau hatte schon vier

Kinder? Verdammter Mist, dann hatte sie mit dem Einkaufen noch gar nicht richtig angefangen, weil ihr Wagen noch so leer war. Boris verfluchte die Ratgeber, die immer alles besser wußten.

Eine Frau im Supermarkt kennenlernen? So ein Quatsch! Frische Frauen im Sonderangebot, heute besonders billig. Darf's ein bißchen mehr sein? Am Stück oder geschnitten?

John Lennon säuselte noch immer. Boris ließ seinen schon halbgefüllten Einkaufswagen stehen und machte, daß er aus diesem verdammten Supermarkt wieder rauskam.

24

»Du mußt die rote Perücke tragen, die ist total trendy, bei uns in Paris laufen alle so rum!«

Mikis hatte seiner Schwester Maria das falsche Haarteil mitgebracht. Eine Twiggy-Perücke im Stil der sechziger Jahre.

»Geil, was«, schwärmte Mikis.

Maria gab sich gar keine Mühe, ihre Enttäuschung zu verbergen. Am Telefon hatte er ihr »eine Überraschung« versprochen. Maria, die griechische Freundin von Ute und Peter, dachte schon, Mikis habe mal wieder selbst was geschneidert. Eine scharfe Jacke mit witzigem Schnitt oder einen engen Minirock mit Punkten drauf. Mikis studierte Mode-Design in Paris und versorgte die halbe Verwandtschaft mit eigenen Kreationen. Selbst der Oma hatte er mal einen luftig-bunten Overall kreiert, die daraus allerdings einen Putzlumpen gemacht hatte (ohne es ihrem Enkel zu beichten).

Und dann diese Perücke! Die würde Maria nicht mal an Fasching aufsetzen.

»Warte nur ab, in ein paar Monaten laufen auch in

Deutschland alle Frauen mit Perücken rum. Du brauchst verschiedene Perücken, weil deine Haarfarbe ja täglich wechseln muß – passend zur Garderobe. In Paris machen das alle Frauen so. Das ist absolut trendy.«

Mikis hätte genausogut Moderator im Radio werden können. Die Worte sprudelten nur so aus ihm heraus. In diesem Wasserfall gingen Punkte und Kommas unter, ein Satz reihte sich nahtlos an den nächsten. Seine Stimme setzte unentwegt zum Endspurt an. Manche Endungen verschluckte er dabei. Für einen Mann klang diese Singsangstimme ungewohnt sanft, fast weiblich. Manche Worte dehnte er eigenartig, was er noch mit den Fingern verstärkte, die sich ebenso eigenartig spreizten.

Und dann sein tänzelnder Gang. Als würde er unentwegt auf Lagerfelds Laufsteg auf und ab wandeln. Genüßlich sog er dabei die Blicke seines Publikums auf. Wenn Maria nicht gewußt hätte, daß er mit einer Freundin in Paris zusammenlebte, hätte sie ihn für schwul gehalten. Die Modedesigner, so erzählte Mikis ja auch immer, seien alle »irgendwie *gay*«. Ohne diesen schwulen Touch habe niemand eine Chance in der Pariser Modebranche. Sei ja auch nicht schlecht, wenn Männer ihren weiblichen Teil aus ihrem inneren Gefängnis ließen. Alle Menschen seien ja bisexuell, nur würden die meisten die gleichgeschlechtliche Seite unterdrücken.

Genauso hatte sich Eva einen Modedesigner vorgestellt. Ein Exot, ein bunter Paradiesvogel, etwas ausgeflippt und irgendwie nicht von dieser Welt. Er sah aus wie zwanzig, dabei war er schon achtundzwanzig. Mikis trug einen grüngemusterten Blazer, den er sich natürlich selbst geschneidert hatte. Der Stoff, so erzählte er stolz, stamme von einem alten Vorhang, den er, total verdreckt, auf dem Pariser Flohmarkt für ein paar Francs erstanden hatte. Doch jetzt strahlte die grüne Farbe wieder, er hatte den Vorhang gleich mehrmals in die Waschmaschine gestopft. Aber die schwarze Hose war gekauft, ein weiter Schnitt, so daß der

Leinenstoff an ihm herunterbaumelte, als sei die Hose fünf Nummern zu groß, notdürftig von einem schmalen Ledergürtel festgehalten. Die spitzen Lackschuhe glänzten, in denen knallrote Socken steckten.

Eva traf Maria und ihren Bruder in einer Kneipe, wo immer nur Mikis sprach, als müsse er gerade im Bundestag eine wichtige Grundsatzrede über das graue Einerlei dieser faden Welt halten. Wo bleibt die Erotik, meine Herren Abgeordneten? Warum halten sie immer an diesen Einheitsanzügen fest, als sei's ihre zweite Haut? Wachen die Männer erst auf, wenn sich alle Frauen von ihnen abwenden? Die Kleidung, die der Mann trägt, prägt sein Verhalten. Kein Wunder, daß alle in diesem hohen Haus so steif und oberflächlich sind! Mikis redete und redete. Top-Designer, referierte der Grieche, würden den Widerspruch zwischen Ordnung und Chaos in sich selbst auflösen. Mikis erklärte sein Rezept, mit dem ihm bald schon der große Durchbruch gelingen würde.

»Beim Zeichnen am Brett bin ich genau und hart wie Granit. Und beim Trend-Erfühlen sensibel und weich wie Butter.«

Mikis mußte zwischendurch nicht mal Luft schnappen. Das hatte er wohl geschickt trainiert, reden ohne zu atmen. Selbst Ute kam an diesem Abend nicht zu Wort, womit es ihr endlich mal wie ihrem Freund Peter ging, von dem erst recht nichts mehr zu hören war. Mit großen Augen musterte er diesen griechischen Modepapagei, dessen übertriebenes Selbstbewußtsein ihn ein wenig neidisch machte.

Mikis flog fast jeden Monat nach Hause zu seinen Eltern, um dann seiner Schwester und ihren Freunden total begeistert vom neuesten Modespleen in Paris zu erzählen. Total trendy waren im Moment an der Seine diese voyeuristischen Happenings. Porno-Partys, wo die Männer knappe Slips trugen, die sie irgendwann mal herunterzogen.

»Und dann blasen sie sich einen auf der Tanzfläche, warum nicht? Wenn's ihnen doch Spaß macht. Jeder sollte immer das tun, was ihm Spaß macht.«

Mikis sprach von diesen sexuellen Ausschweifungen, als würde er gerade übers Wetter sprechen. Nichts Besonderes, das gehört halt einfach dazu. Sein Blick machte sich über die deutschen Freunde lustig und sagte: Ihr lebt wohl hinterm Mond?

»Das ist doch schrecklich peinlich«, sagte Eva, »sollen die doch Sex daheim machen, aber nicht vor allen Leuten.«

»Typisch deutsch«, konterte Mikis, »ihr seid wohl alle ziemlich verklemmt. Das ist überhaupt nicht peinlich, sondern völlig normal. Früher haben sich die Leute auf der Tanzfläche geküßt, und jetzt geht man eben einen Schritt weiter. Die Zeit bleibt eben nicht stehen. Wir entwickeln uns immer weiter. Das ist gut so, sonst wird das Leben langweilig. In Paris ist es niemals langweilig. Ihr müßt mich nur mal besuchen, dann nehm' ich euch mal mit zu diesen Happenings.«

»Machst du da etwa mit?« fragte Eva.

»Wenn ich einen schöneren Körper hätte, würde ich das natürlich auch machen. Aber so, da schau ich lieber zu. Na ja, vielleicht sollte ich erst mal bißchen Anabolika schlukken.«

»Anabolika machen doof und impotent«, warnte Eva.

»Um Gottes willen«, erschrak Mikis, »doof ist ja egal, aber impotent! Dann kann ich mich ja gleich umbringen. Das Leben ist Sex, merkt's euch. Sex ist noch wichtiger als die Luft zum Atmen.«

Eva wollte ihm gar nicht widersprechen.

»Aber ich möchte keine Zuschauer dabei haben. Die sind doch alle krank, die das vor einer großen Menge machen.«

Eva dachte an den Exhibitionisten, den sie mal bei einer Gerichtsverhandlug erlebt hatte. Ein armer Kranker, der sich nur dann befriedigen konnte, wenn ihm Frauen dabei zusahen. Selbst die Zeuginnen, die mitansehen mußten, wie er an sich rummachte, hatten im Gerichtssaal plötzlich Mitleid mit ihm.

»Quatsch«, widersprach Mikis, eine Spur zu heftig, »das ist nicht krankhaft. Krank sind nur die, die nicht zu dem stehen können, was sie wirklich wollen.« Mikis durfte so reden. Er war schließlich der Paradiesvogel aus Paris. Mikis mußte seine Mitmenschen provozieren, das war seine Lebensaufgabe als Modedesigner. Sonst hätte er seinen Beruf glatt verfehlt.

Und die deutschen Freunde hatten noch lange ein Gesprächsthema, weil sie immer wieder von dieser irren Begegnung mit diesem ausgeflippten Modemenschen erzählen konnten.

25

ICH BIN FROH, DASS ICH KEIN MANTA BIN. Boris hatte diesen Aufkleber auf seinen Golf GTI gepappt, obwohl er gar nicht sicher war, ob sein Golf nicht heimlich davon träumte, ein tiefliegender Flitzer zu sein.

Boris wollte seinen GTI mal wieder so richtig ausfahren. Weil das in der Stadt nicht ging, steuerte er die Autobahn an. Es war schon spät am Abend, nach den *Tagesthemen* hielt es Boris nicht mehr auf seinem Ledersofa aus. Manchmal fuhr er ziellos in der Gegend umher, weil er diesen Temporausch brauchte. Dazu knallten aus den Boxen harte Rhythmen, deren Schallwellen noch zusätzlich aufs Gaspedal drückten. Boris holte alles aus seinem Golf heraus – und damit auch aus sich. Während es sein Auto nicht ganz schaffte, mit 160 abzuheben, flogen seine Gedanken davon. Die Autobahn und die laute Musik, seine beiden Lieblingsdrogen, die ihn vergessen ließen, wie fad doch sein Leben war.

Dann raste er 60 Kilometer bis zur nächsten Stadt und

wieder zurück. Ein Mann ohne Ziel, der zwar immer los-
stürmte, aber doch nicht vorwärtskommt.

Die kleine Stadt, die an Boris vorbeizog, schien schon
hinüber. Kein Lebenszeichen mehr. Lichter brannten, so
schwach wie auf dem Friedhof. Kurz vor Mitternacht
mußte er nicht mit einem Stau rechnen und konnte immer
direkt in die dunkle Nacht schießen. Hinein ins schwarze
Loch, das geheimnisvoll schien und nicht alles im voraus
verriet.

Wenn ich mal groß bin, dachte Boris, kaufe ich mir einen
Porsche. So eine Kiste vertrug sich natürlich nicht mit seinem noch schlummernden Restprotest. Nur Snobs fuhren
Porsche, doch Boris beneidete sie darum. Die wilden Fahr-
ten auf der Autobahn waren der Ausgleich für sein gar nicht
wildes Leben. Ganz egal, ob er vor dem Fernseher saß oder
im Abwärts das mexikanische Bier aus der Flasche in sich
hineinkippte, überall verdämmerte er die Zeit.

26

Eva rang nach Luft. Was ihr Carolin gerade erzählt hatte,
schnürte ihr die Kehle zu.

Andy war positiv! HIV! Der Aids-Virus!

Carolin, die gemeinsame Freundin, hatte ziemlich wichtig getan, als sie ihr von Andys Krankheit erzählte; ein Geheimnis natürlich, das Eva für sich behalten müsse.

Eva wunderte gar nichts mehr. Jetzt wußte sie, warum
Andy neulich im Abwärts so sterbenskrank ausgesehen
hatte.

Kaum war Carolin weg, rief Eva Andy an, um sich mit
ihm zu verabreden. Sie sagte ihm nicht, was sie wußte. Sie
wollte sich nur bei ihm bedanken für die Schmiergeldaffäre. Dabei hatte sie im Moment wirklich andere Sorgen.
Aids! Ihre Gedanken kreisten nur noch um diese vier
Buchstaben.

Eva rauchte noch mehr als sonst, wälzte sich in der Nacht von einer Seite zur anderen, bekam kein Auge zu und rannte ständig ins Badezimmer, um ihren Körper vor dem Spiegel zu untersuchen. War da schon irgendwas, das die Krankheit erkennen ließ? Eva untersuchte ständig ihre Lymphknoten. Waren die früher schon so dick? Verdammter Kerl. Seine vielen Frauen brachten sie jetzt auch noch ins Grab! Dieses Schwein! Jetzt werde *ich* dafür bestraft, daß *er* nicht treu sein konnte. Kein Wunder, daß ich in letzter Zeit immer so müde bin.

Eva machte sich aber auch selbst Vorwürfe. Warum habe ich nicht auf Kondomen bestanden, obwohl ich doch wußte, daß dieser Scheiß-Andy noch andere Frauen hatte? Aids, nie hätte Eva gedacht, daß dies auch ein Thema für sie werden könnte. Aids, das war doch was für Schwule und Fixer. Aids, ihre Journalistenkollegen hatten das Thema längst abgelegt. Die Bundesregierung strich die finanziellen Mittel für die Aids-Hilfen, und die Menschen fühlten sich plötzlich wieder sicher. So schlimm, wie zunächst prophezeit, war es ja gar nicht gekommen.

Warum nur bin ich so leichtsinnig gewesen? Plötzlich schienen alle Probleme völlig unbedeutend, die Evas Leben bisher so unerträglich gemacht hatten. Warte, Andy, wenn wir uns nachher treffen, dann kennst du mich nicht wieder! Wenn Aids ins Leben knallt, spielen die Gedanken verrückt. Sollte Andy wirklich den HIV-Virus in seinem Blut haben, hieß das noch lange nicht, daß er Aids bekommen würde. Daran aber dachte Eva im Moment nicht. Sie hatte nur dieses eingefallene Gesicht von Andy vor Augen, was aber auch nicht typisch für einen HIV-Positiven ist. Selbst mit diesem Virus sehen die Leute noch jahrelang blendend aus.

Als sie sich endlich trafen, dachte Eva, Andys Backenknochen seien noch deutlicher hervorgetreten. Totale Einbildung, denn so krank sah er an diesem Abend gar nicht aus. Die Sonne, die in diesem Mai besonders heftig schien, hatte ihm sogar ein bißchen Gesichtsbräune geschenkt. Doch Eva sah nur das, was sie sehen wollte.

Trotzdem, Eva spürte so was wie Mitleid und getraute sich noch nicht, mit Andy über ihre gemeinsame Krankheit zu reden.

»Andy, das war echt nett von dir, daß du mir die Sache über deinen Chef erzählt hast!« Eva lächelte ihn an, wie seit Monaten nicht mehr.

Andy lächelte zurück. Seine Rechnung schien aufzugehen. Mit dem tollen Skandal in seinem Amt würde er seine ehemalige Freundin ein drittes Mal zurückgewinnen. »Und wann schreibst du was drüber?« fragte Andy, obwohl ihm das schon nicht mehr wichtig war. Viel wichtiger war, Eva endlich wieder in die Arme zu nehmen.

»Ich gehe erst noch zum Staatsanwalt. Morgen habe ich einen Termin. Und dann geht's dem Mayer schlecht. Weißt du übrigens, daß ich ihn neulich bei so einer gesellschaftlichen Gala gesehen habe?«

»Das macht er gern. Bei den Reichen fühlt er sich wohl. Deshalb war ja er ganz wild drauf, auch mal bißchen mehr zu verdienen. Jetzt ist er selber reich, bei dem vielen Schmiergeld, das er einsteckt. Weißt du, daß er sich jetzt einen Porsche gekauft hat? Mit dem kommt er aber nie ins Rathaus, keiner soll's wissen, aber ich habe ihn neulich mit dem roten Flitzer gesehen.«

Andy schlug Eva vor, doch gemeinsam den Sommerurlaub zu verbringen.

»Unsere gemeinsamen Urlaube waren doch immer so schön«, sagte Andy und machte dabei verträumte Augen.

Zwei Wochen Radtour in Holland, auch Eva erinnerte sich gerne daran. Das war am Anfang ihrer Beziehung, damals gehörte Andy ihr noch ganz allein. Die bunten Tulpenfelder, die Windmühlen, die hübschen Städtchen – ach, war das noch eine schöne Zeit. Eine von jenen Erinnerungen, die noch immer in ihrem Kopf tanzten. Aber Eva wollte die Zeit nicht mehr zurückdrehen. Auch wenn Andy nun Aids hatte – und wer weiß, sie vielleicht auch –, wollte sie nicht noch mal das ganze Beziehungstheater mit Andy durchmachen.

»Hast du schon was vor im Sommer?« fragte Andy.

»Ja«, log Eva, »ich möchte mit Monika nach Südfrankreich, um Antoine zu besuchen.«

Mit dem Franzosen hatte sie gemeinsam studiert. Auch Andy kannte ihn, weil sie ihn mal zusammen besucht hatten. Grund zur Eifersucht bestand nicht. Eva und Antoine waren einfach nur so gute Freunde, da verbot es sich von selbst, etwas miteinander anzufangen. Seit Jahren suchte Antoine eine Frau, die er schnell heiraten konnte. Unentwegt sprach er von vier Kindern, die er haben wollte. Doch nichts geschah. Der Kerl sah zwar gut aus, eben ein richtiger Franzose, aber es schien, als seien auch in Frankreich die Traumfrauen samt Traummännern bereits ausgestorben. Eva kannte dieses Problem zu gut.

»Wie geht's dir eigentlich gesundheitlich«, fragte nun Eva, weil sie nun endlich über das sprechen mußte, was sie so unwahrscheinlich quälte.

»Gut, wieso fragst du?«

»Weil du ein bißchen blaß aussiehst. Hast du irgendwas?«

»Was soll ich haben?«

»Ich meine, irgendeine Krankheit.«

»Was für eine Krankheit?«

»Ich frag' ja nur.«

»Was soll ich schon haben? Ich bin doch gesund, kerngesund!«

Eva schaute überrascht. Wollte er sie schon wieder anlügen? Bekanntlich war Andy ja mehrfacher Lügenweltmeister.

»Also ich will es dir ganz offen sagen. Von Carolin habe ich gehört, daß du Aids hast. Warum sprichst du nicht mit mir darüber?«

»Aids?« Andy funkelte Eva wütend an.

»Wie kann die Carolin nur so was behaupten? Die spinnt, das stimmt doch gar nicht. Zugegeben, ich war in letzter Zeit immer ziemlich müde. Und dann bin ich zum Arzt und habe auch einen Aids-Test machen lassen. Aber der war negativ, glaub es mir. Du mußt dir keine Sorgen machen. Ich habe kein Aids, und ich habe dich deshalb auch nicht angesteckt. Der Arzt sagt, meine Müdigkeit sei nur psychisch. Ist ja auch kein Wunder, wenn ich eine Frau liebe, die mich nicht will. Aber jetzt willst du mich ja doch, oder?«

Eva ärgerte sicht, daß sie auf Carolins Verleumdungen hereingefallen war. Hätte sie die Wahrheit gewußt, hätte sie ihn nicht wieder getroffen und ihm keine falschen Hoffnungen gemacht. Diese verdammte Klatschbase Carolin. Da kriegt die irgendwie mit, daß Andy zum Aids-Test geht und setzt Gerüchte in die Welt, noch bevor Andy das Ergebnis hat. So was gehört bestraft, dachte Eva und fühlte sich doch erleichtert, weil die ganze Aufregung umsonst gewesen war. Andy spürte, daß Eva plötzlich wieder sehr zurückhaltend wurde. Nun ärgerte er sich, daß er Eva nicht in dem Glauben ließ, wirklich Aids zu haben.

27

Boris kannte in dem Haus, in dem er lebte, die Namensschilder an den Klingeln besser als die Menschen. Ab und zu traf er zwar einen Nachbarn auf den Treppen, doch Boris beteiligte sich nie an dem Hausklatsch. Mehr als ein flüchtiges Lächeln bekamen seine Nachbarn nicht. Er schien immer in Eile zu sein, wenn er durchs Haus ging. Dabei hatte er es nie eilig. An diesem Nachmittag wollte Boris, der gerade von der Arbeit kam, wieder schnell die Treppen hochspringen. Da sah er seinen älteren Nachbarn, der Müller hieß oder Mayer, Boris war sich nicht sicher. Dieser Herr Müller oder Herr Mayer versuchte, einen Bierkasten in seine Wohnung zu tragen. Doch er schleppte so schwer dran, als wäre Blei in den Bierflaschen. Er schaffte es kaum.

»Darf ich Ihnen helfen?« fragte Boris und blieb stehen.

»Nicht nötig, ich schaff das schon«, entgegnete der schwitzende alte Mann.

»Lassen Sie mal«, sagte Boris und wunderte sich selbst über seine plötzliche Hilfsbereitschaft.

Boris griff nach dem Bierkasten, den der Herr Müller oder Herr Mayer gerade mal wieder abgesetzt hatte.

»Nein, nein«, wehrte der alte Mann ab, »das ist nicht nötig, nicht nötig«. Krampfhaft hielt er den Kasten fest, als wolle Boris diesen stehlen.

Doch Boris war stärker und lief mit dem Bier voraus. Der alte Mann machte, daß er hinterherkam. Boris überlegte, in welchem Stock dieser Herr Müller oder Herr Mayer überhaupt wohnte. Wohin damit?

Er war schon einige Treppen weitergegangen, da schloß der alte Mann weiter unten eine Tür auf.

»Ich wohne hier, kommen Sie«, bat Herr Müller, wie Boris nun wußte, denn er hatte das Türschild gelesen.

»In die Küche damit?« fragte Boris.

»Ja, auf den Küchenbalkon.«

Dort setzte Boris den Kasten ab. Der alte Mann, der sich überschwenglich bedankte, trug plötzlich eine Schaffnermütze. Bei genauerem Hinsehen entdeckte Boris, daß es an den Wänden im Flur keine freie Stelle gab. Unzählige Bilder von Lokomotiven verdeckten die Tapete. Fast wäre er gestolpert, weil sich auf dem Boden Schienen einer Spielzeugeisenbahn schlängelten.

»Aha, eine Eisenbahn«, sagte Boris und sah, wie die Augen des alten Mannes leuchteten.

»Ja, ja, meine Eisenbahn«, nuschelte Herr Müller unter seiner Schaffnermütze. »Sie müssen wissen, ich war früher Lokomotivführer. Ein schöner Beruf. Fahren Sie auch gern Zug?«

Boris überlegte, wann er zum letzten Mal Zug gefahren war, es fiel ihm nicht ein.

»Ja, ja«, sagte er trotzdem.

»Dann kommen Sie mal mit«, bat der alte Lokomotivführer und öffnete die Tür zum Wohnzimmer. Boris blickte in ein Museum. Statt Wandschrank oder Kommode entdeckte Boris nur Vitrinen, in denen Modelle von Eisenbahnen ausgestellt waren. An der Wand hingen entweder Signalschilder oder Fotos von Zügen.

»Schauen Sie, das ist das Krokodil«, sagte der alte Museumswärter und führte Boris zu einer Vitrine, in der er das glänzend polierte Modell eines grünen Zuges sah. »Das ist die legendäre E-Lok mit der Nummer E 94279«, ließ Herr Müller wissen, »mit der bin ich in den fünfziger Jahren gefahren. Seinen Namen verdankt das Krokodil seiner Schnauze, die frech aus dem Führerhaus ragt. Ein schöner Zug nicht, was meinen Sie, was ich mit dem Krokodil alles erlebt habe, mein bester Freund.«

Plötzlich schnarrte es von irgendwo her.

»Bitte zurücktreten. Hauptbahnhof. Bitte zurücktreten!«

Es klang tatsächlich genau wie in einem Hauptbahnhof.

Herr Müller hatte das Tonband angeschaltet.

»Ich habe die Originaltöne schon vor zwanzig Jahren aufgenommen«, erklärte der alte Mann, »die klingen schön, was?«

Erst jetzt fiel Boris auf, daß Herr Müller unentwegt auf eine Taste drückte, die auf einem kleinen Tischchen neben einem Lenkrad befestigt war.

»Was machen Sie da?« fragte Boris.

»Das ist die Sifa-Taste, die muß man ständig drücken, sonst gibt's eine Vollbremsung.«

Boris ließ sich diese Sifa-Taste erklären. Die Sicherheitsfahrschaltungstaste. Es könne ja mal sein, daß ein Zugführer tot zusammenbreche, und wenn er nicht ständig die Sifa-Taste drücke, werde der Zug automatisch abgebremst

Weil ein toter Mann im Führerhaus, das wäre schön gefährlich.

»Solange ich die Sifa-Taste drücken kann, werde ich aber nie sterben«, sagte Herr Müller unter seiner Schaffnermütze und lächelte.

Den ganzen Abend würde er hier stehen, von diesem Platz seine Zugmodelle anschauen und sich an den Durchsagen aus dem Tonband erfreuen.

Nur wenn er gelegentlich mit seinem Krokodil im Hauptbahnhof stehe, könne er die Wohnung verlassen, um etwa einen Bierkasten einzukaufen. Das Bier trinke er aber nie bei der Arbeit, erst nach Feierabend. »Vielleicht denken Sie jetzt, ich bin verrückt. Normalerweise lasse ich deshalb niemand in meine Wohnung. Aber Sie waren ja so nett.«

Der alte Mann verlor sich in Details, als er nun von seiner Arbeit als Lokomotivführer erzählte. Eine Frau habe er nie kennengelernt, das gehe schlecht in diesem Beruf. Der Dienstplan, ja der Dienstplan würde doch gnadenlos wechseln. Mal am frühen Morgen, mal am Abend, mal in der Nacht. Da könne man sich doch nicht mit einer Frau verabreden.

Herr Müller blätterte nun in einem Buch, das vor ihm lag. Das Fahrtenbuch, das für jeden Abschnitt exakt das Tempo vorschreibe. Schneller als 140 dürfe er nicht fahren, das wäre zu gefährlich.

»Verzeihen Sie, vielleicht bin ich ja ein bißchen komisch.«

Aber der einsame Job auf den Gleisen habe ihn schon ein wenig seltsam gemacht. Und erst die vielen Selbstmörder! Das sei schon eine große Belastung, weil sich immer wieder Lebensmüde vor den Zug werfen. Erst vor einer Woche habe er wieder einen gehabt.

Unentwegt tippte Herr Müller auf seine Sifa-Taste und sah dabei sehr glücklich aus.

Stundenlang wird der so dastehen, dachte Boris, während ich mir in meiner Wohnung völlig ahnungslos einen Film nach dem anderen reinziehe.

Boris überlegte, ob er in seinem Alter auch mal so werde. Einsamkeit macht die Menschen seltsam, doch Herr Müller war wenigstens damit zufrieden. Die Einsamkeit ließ sich mit einem guten Mittel bekämpfen. Eine Überdosis Verschrobenheit. Die Einsamen, die keinen Schuß hatten, waren zu beneiden.

So vergaß der alte Lokomotivführer, daß man ihn längst aufs Abstellgleis abgeschoben hatte. Er hatte die Weichen in seinem einsamen Leben richtig gestellt: ab auf die Schienen des Spleens. Aber heimlich mußte so was geschehen, sonst hätte man den sonderbaren Kauz in die Irrenanstalt gesteckt, wo er dann wirklich verrückt geworden wäre.

Und was mache ich, wenn ich alt bin und mich keiner will? In meinem Beruf, dachte Boris, geht das wohl nicht. Er konnte sich nicht vorstellen, Tausende von Zeitungsausschnitten in seiner Wohnung auszubreiten und ständig mit der Schere zu klappern.

Boris lächelte den alten Mann an und verabschiedete sich. »Viel Spaß noch«, sagte Boris, »ich wünsche Ihnen noch eine gute Fahrt.«

Boris ging zur Wohnungstür, drehte sich noch einmal um.

»Hoffentlich haben Sie heute keinen Selbstmörder!«

Der alte Mann strahlte, endlich hatte ihn mal einer verstanden.

»Ja, hoffentlich!«

28

Guten Morgen, ganz ohne Sorgen. Schon um 6 Uhr war Eva aufgewacht. Sie konnte es gar nicht abwarten, in die Redaktion zu gehen und ihre Skandalgeschichte zu schreiben. Nicht mal Sabrina schaffte es, mit ihrer täglichen Portion Gift Evas Laune zu töten. Sabrina verbrachte eine Ewigkeit im Badezimmer, viel länger als nötig, um Eva zu ärgern.

»Als Einzelkind brauchst du nicht denken, daß das Badezimmer immer frei ist, wenn du es gerade willst«, maulte Sabrina.

Doch das Einzelkind ließ sich an diesem Morgen nicht ärgern. Die bald berühmte Lokaljournalistin spürte den großen Triumph bereits tief in sich drinnen. In ihrem Kopf läuteten Glocken. Enthusiastisch blickte sie in die Zukunft. Ein rauschartiges Glücksgefühl, als habe sie bereits am Abend zuvor den Journalistenpreis bekommen. Eva sah sich im Blitzlichtgewitter der neidischen Kollegen, während ihr der Bundespräsident feierlich eine Urkunde überreichte. Ihr Vater saß in der ersten Reihe und hatte vor lauter Aufregung vergessen, in seinen Fotoapparat einen Film einzulegen. Da würden seine Kollegen in der Bankfiliale staunen, wenn er ihnen davon erzählte. Evas Vater sprach gern von den beruflichen Erfolgen seiner Tochter. Karriere war nun mal sein Lieblingsthema. Wenn Eva Erfolg im Beruf suchte, dann immer auch ein bißchen, um es ihrem Vater zu zeigen, der eigentlich mit nichts zufrieden war. Die Tochter, eine erfolgreiche Journalistin – dagegen konnte er nichts haben. Nur mit Erfolgen im Beruf konnte sie ihren Vater erreichen. Evas Vorfreude legte ihr Flügel an: Sie hob ab. Von oben sah die Welt endlich mal schön aus.

Dabei gab es solche Skandalgeschichten in jeder Stadt, in jeder Lokalzeitung. Nicht für alle dieser Skandalgeschichten konnte es einen Journalistenpreis geben, so viele gab es gar nicht.

Noch vor Arbeitsbeginn hatte Eva den Staatsanwalt besucht, der sich natürlich brennend für die Schmiergeldaffäre beim Wohnungsamt interessierte. Evas Chef, der kettenrauchende Grauschopf, der immer kurz vor dem Herzinfarkt stand, konnte nun nichts mehr dagegen einwenden.

»Die Staatsanwaltschaft hat die Ermittlungen aufgenommen?« fragte Häuptling Silberlocke, der meist feuerrot glühte, immer bereit zum nächsten Wutausbruch. Zunächst hatte er noch ziemlich skeptisch ausgesehen. Wenn Ausländer in seinen Artikeln eine Rolle spielten, dann als Täter, nicht als Opfer. »Türke überfällt wehrlose Rentnerin« oder »Heroinhandel im Asylantenwohnheim« – das waren die Schlagzeilen, die er im Zusammenhang mit Ausländern mochte. Evas Chef kannte ja seine Leser. Sie wollten morgens am Frühstückstisch ihre Vorurteile bestätigt sehen. Dafür lieferte die Lokalzeitung reichlich Stoff und steigerte somit ihre Auflage. Ausländer waren nun mal nicht ihre Abonnenten.

»Das haben Sie gut gemacht«, lobte der Lokalschef, und sein Gesicht verlor etwas von der roten Farbe, »aber wir sollten das jetzt nicht überstürzen.« Der Redaktionsleiter schlug vor, die Geschichte noch einen Tag liegen zu lassen, um sie gründlich zu recherchieren, wie er sagte. Außerdem müsse er ja noch mit dem Verleger drüber reden. Ist der Wohnungsamtschef eigentlich im Rotary-Club? wollte Silberlocke wissen. Hoffentlich nicht, dachte Eva, dann wäre ihre Skandalgeschichte gestorben.

»Wissen Sie was«, meinte der Lokalchef überraschend wohlgesinnt, »als Belohnung für ihr Engagement gebe ich Ihnen heute nachmittag frei. Machen Sie sich einen schönen Tag, Sie haben es wirklich verdient!«

Eva dachte, sie höre nicht recht. So was war ihrem Chef noch nie eingefallen, der sonst von seinen Redakteuren Einsatz rund um die Uhr verlangte. Privatleben wollte er ihnen nicht gönnen. Journalisten waren immer im Dienst, immer auf dem Sprung zum nächsten Verkehrsunfall oder Wohnungsbrand.

»Wir sollten lieber nicht warten. Vielleicht ordnete der Staatsanwalt ja schon für morgen eine Durchsuchung an, und dann erfahren auch die anderen Zeitungen davon«, gab Eva zu bedenken.

»Quatsch, auch Staatsanwälte sind Beamte, so schnell

reagieren die nicht«, hielt Silberlocke dagegen. »Gehen Sie nach Hause. Wer, wenn nicht Sie, hat es denn verdient?«

Vergeblich wehrte sich Eva dagegen. Es blieb ihr gar nichts anderes übrig, als die Redaktion zu verlassen. Na gut, auch nicht schlecht. So konnte sie sich mal wieder mit ihrer Freundin Bea im Abwärts treffen. Noch von der Redaktion aus rief Eva die Frau mit den vielen Männern an.

»Gut, daß du anrufst«, sagte Bea aufgeregt, »ich muß dir was Wichtiges sagen«.

Das Abwärts war wie immer zu dieser Zeit halbleer. Bea trommelte mit ihren Fingerspitzen nervös auf dem Tisch, zündete sich zitternd eine Zigarette an und ließ Eva gar nicht erst zu Wort kommen.

»Du glaubst nicht, was passiert ist«, sagte Bea, und ihre Stimme überschlug sich dabei.

»Mein Mann hat eine andere!«

Jetzt war es heraus. Bea fühlte sich erleichtert.

»Na und«, erwiderte Eva keineswegs verwundert, »du hast doch sogar noch mehr als nur einen anderen.«

»Gut«, keuchte Bea, »aber bei mir ist das was anderes. Ich bin so ein Typ, doch nicht mein Mann!«

Das Verhältnis zu der anderen gehe nun schon seit einem Jahr. Aber erst jetzt habe er es ihr gebeichtet. Bea stieß Haßtiraden aus, Zorn quoll aus ihr heraus, so daß Eva fast Angst bekam.

Doch Eva hatte dafür kein Verständnis.

»Du bist verrückt«, sagte sie.

»Wer ist das nicht?« gab Bea zurück.

Daheim rief Eva ihre Freundin Monika an. Das Telefon funktionierte wieder. Noch bevor Monika von ihrer kurz bevorstehenden Trennung erzählte, gab Eva ihr etwas von ihrer übertriebenen Freude an dem Skandal im Wohnungsamt ab.

»Vielleicht nimmt mich ja der *Stern*«, überlegte Eva, »dann ziehe ich in deine Stadt.« Monika wohnte dort, wo der *Stern* seine Zentrale hatte.

»Das trifft sich gut«, sagte Monika, »wenn Bernd endlich auszieht, kannst du sein Zimmer übernehmen.«

In dieser Nacht konnte Eva kaum schlafen. Im Bett schrieb sie immer und immer wieder ihren Aufmacher – in Gedanken. Und wieder kamen die Bilder von der Preisverleihung in ihren Kopf. Ihr großer Triumph! Die Wende in ihrem Leben! Alle würden neidisch sein, sie endlich mal wirklich schätzen. Warum nur mußte sie schon wieder an ihren Vater denken, wie er seinen Kollegen stolz vom Journalistenpreis seiner Tochter erzählte?

Als sie doch noch einschlief, träumte sie von James Bond. 007 überreichte ihr Blumen und lud sie zu einer Rundfahrt auf einem schnellen Motorboot ein. Unentwegt machte Mister Bond ihr Komplimente und wollte sie gleich nehmen, während er den Meeresflitzer steuerte. Bei James Bond vergaß Eva alle Ansätze der Emanzipation. Sie ließ keinen 007-Film aus, zog sich manchen gar zweimal rein. Wie dieser knallharte Macker mit nur wenigen Worten die Welt erklärt, genial. Seine Welt war ja noch in Ordnung, weil sie sich so praktisch in Gut und Böse aufteilte, nichts lag dazwischen. Eva wußte auch nicht, warum dieser Macho es ihr so angetan hatte. Suchte sie vielleicht doch einen starken Kerl, der das Kommando übernimmt, der in jeder Situation weiß, wie er und wie vor allem sie sich verhalten muß? Die Gedanken der Frauen, wer kann sie schon erklären? Die Frauen verstehen sich oft selber nicht.

29

Eva brach fast zusammen, wahnsinnig vor Wut. Ihr Inneres kochte, die ganze Frau war feuerrot, ihr Gesicht übernahm die Farbe der Haare.

Dabei hatte sie es zunächst gar nicht bemerkt. Wie immer hatte Eva kurz vor dem Frühstück ihre Zeitung aus dem Briefkasten geholt und sich zunächst köstlich amüsiert über die unfreiwillige Komik einer Überschrift auf der ersten Lokalseite. »Hosenladen aufgebrochen«, stand da in dicken Lettern. Erst im Text war zu erfahren, worum's wirklich ging. Ein Dieb hatte sich in ein Hosengeschäft geschlichen. Er hatte sich also nicht am Reißverschluß eines unschuldigen Hosenträgers zu schaffen gemacht.

Normalerweise hätte Eva so eine Überschrift ausgeschnitten und bei sich daheim an die Pinnwand gehängt, die voll mit Stilblüten war, auch mit ihren eigenen. Doch diesmal ging das nicht, denn Eva hatte die Zeitung vor Wut zerknüllt, zerfetzt, zerrissen.

Der Aufmacher auf der ersten Lokalseite war besonders groß. Dicke Überschrift: »Schmiergeldaffäre im Wohnungsamt!« Das war ihre Affäre, ihre Affäre! Die Autorenzeile stach in ihre Augen wie ein Messer. »Von unserem Chefredakteur Horst Gastein.«

Jetzt wußte sie, warum ihr Chef ihr am gestrigen Nachmittag freigegeben hatte. Er wollte die Geschichte selber schreiben und den Journalistenpreis selber einstecken. Er hatte Evas Affäre gestohlen. Und dieser Gastein hatte seinen Namen fett gedruckt, sogar mit dem Zusatz Chefredakteur.

Dabei war er nur Lokalchef, denn die Zeitung bezog den Mantel von einem großen, überregionalen Blatt. Aha, der Wohnungsamtschef ist also kein Rotarier, folgerte Eva. So ein Mist, dann hätte auch der kettenrauchende Wichtigtuer diesen Aufmacher nicht gekriegt.

Eva explodierte, schrie wie eine Gestörte, zerriß die Zeitung in tausend Einzelteile und warf sie auf den schön gedeckten Frühstückstisch. Sabrina hatte wieder Grund, sich aufzuregen.

»Was soll das?« keifte Sabrina. Eva hatte keine Lust, ihre Wut zu erklären. Obwohl Sabrina bestimmt den Grund schon kannte. Einzelkinder sind halt besonders explosiv.

Eva hatte auch keine Lust, in die Redaktion zu gehen. Nie wieder würde sie in diese Redaktion gehen! Eva stürzte ins Bodenlose. Ihr letzter Traum war geplatzt und mit ihm alles in ihr drinnen. Jetzt würde das Leben nur noch weh tun. Es gab nichts mehr, für das es sich zu leben lohnte.

Das Leben war grausam, noch viel grausamer als Andy.

Eva überlegte, ob sie die kettenrauchende Silberlocke auf der Stelle erschießen sollte. Keine schlechte Idee. Dann hätte sie ihren Superaufmacher gehabt, aber was für einen. Mord am Layout-Tisch. Diesen Aufmacher könnte der Grauschopf nicht mehr schreiben, weil dessen Blut bereits über den Satzspiegel für die nächste Ausgabe lief. Diesen Aufmacher würde Eva selber schreiben, notfalls aus dem Gefängnis.

Nur ihre gute Erziehung hielt sie davon ab, das zu tun, was sie eigentlich hätte tun sollen. Wenn sie schon nicht den Mut hatte, mit der Pistole statt mit dem Foto in der Redaktion einzulaufen, wollte sie an diesem Tag lieber gar nicht hin. Die Schadenfreude der Kollegen, der Triumph der Silberlocke, das konnte sie nicht ertragen. Sollten sich die Kollegen doch eine Geschichte über vermißte Personen ausdenken. Eine siebenundzwanzigjährige Lokalredakteurin verschwunden, wie vom Erdboden verschluckt, vermißt.

Denn Eva verließ fluchtartig die Stadt. Stieg ins Auto, um ihr Gaspedal zu quälen. Die Autobahn wurde zum Nürburgring, ihr alter Golf zum Formel-1-Flitzer. Nichts wie weg, schnell zur Freundin Monika. Sie klebte mit Tempo 150 – mehr gab ihre alte Kiste nicht her – an den Stoßstangen ihrer Rennfahrerkonkurrenten, um diese dann hupend beiseite zu schubsen.

Scheiß-Leben, kochte Eva, warum haßt mich das Glück, warum saust es mir immer davon?

Mensch, Eva, bei diesem Fahrstil war's doch nur reines Glück, daß sie den Tag überlebte.

Je wütender Eva war, desto schneller fuhr sie mit ihrem Auto. Eva war auf der Straße nicht so ängstlich wie ihr Vater. Schon als Kind hatte sie die Fahrweise ihres Vaters genervt.

Ein Sonntagsfahrer, will er gleich am Steuer einschlafen?
Mit ihm geht alles immer so langsam. Im Zeitlupentempo
zieht die Landschaft an uns vorbei. So kommen wir ja nie
vorwärts. Merkst du nicht, daß wir auf der Stelle treten?
Überall nur Langeweile! Mit dir werde ich nie ein Aben-
teuer erleben. Immer mußt du dich absichern, hast
schreckliche Angst vor dem Leben, du siehst nur die Ge-
fahren darin. Ein bißchen Risiko muß schon sein. Wenn
wir erst mal unter der Erde liegen, ist es langweilig genug.

30

»Die Liebe hört niemals auf, wo doch das prophetische Reden aufhören wird, und das Zungenreden aufhören wird,
und die Erkenntnis aufhören wird.«

Boris und die Bibel – kaum zu glauben, daß da irgendein
Zusammenhang bestand. Zugegeben, nur ein dummer Zufall brachte beide zusammen. Boris, aus beruflichen Grün-
den ein Vielleser, hatte das »Hohelied der Liebe« in einer
Reportage über christliche Ehen entdeckt und sich mona-
telang überlegt, wem er es widmen könnte. Boris schenkte
den Bibelvers Eva.

»Stammt aus den Korinthern dreizehn, acht«, trumpfte
Boris mit seinem Wissen auf. Eva staunte, und Boris lächelte. Dieses süße Lächeln! Schon hatte er wieder so ein
unwiderstehliches Bubengesicht.

Boris hatte ja allen Grund zur Freude. Viel zu lange hatte
das Leben von Boris eher trostlos ausgesehen, doch plötzlich wird der Zufall zum Zauberer. Hokuspokus! Das Trau-
erspiel zerbricht wie ein Ei, und schon schlüpft ein Lust-
spiel kichernd raus. Die pure Lust, da biste endlich. Hokuspokus. Der Frosch hat lang genug blöd rumgequakt, als
Märchenprinz macht er sich auch nicht schlecht.

»Liest du die Bibel?« fragte Eva ihren Märchenprinzen
und wunderte sich.

»Nicht direkt, aber ist doch ein schönes Zitat.«

Frauen gefällt so was, dachte Boris, der ja kein Anmach-Amateur war. Kommt gut, wenn man Sprüche aus der Hüfte abfeuert, mit denen sie nicht rechnen können. Dieser Überraschungseffekt macht Frauen schwach. Dabei hätte sich Boris gar nicht anstrengen müssen. Eva liebte jedes Wort aus seinem Mund. Ganz egal, es hätte der größte Blödsinn sein können.

»Um ehrlich zu sein, ich bin streng katholisch. Vor der Ehe läuft bei mir gar nichts«, brummte Boris mit tiefer Priesterstimme. Dabei hatte dieser Priester längst mit Eva das Paradies der Fleischeslust besucht, ja sie waren sogar bereits Stammgäste. Manchmal schauten sie gleich mehrmals am Tag vorbei.

»Du Affe!« lachte Eva.

Nichts dagegen, dachte Boris. Denn Boris liebte Affen. Aus dem Katzenfeind war ein Affenfan geworden. Wo sich die beiden getroffen haben? Es war natürlich ein blödsinniger Zufall. Immer dann, wenn niemand damit rechnet, passiert es. Die Liebe läßt sich nicht planen. Man kann sie nicht vorbereiten wie ein Klassentreffen. Die Liebe meldet sich nicht wie beim Zahnarzt vorher an, sie läßt sich keinen Termin geben, sondern schaut spontan vorbei. Hallo, hier bin ich! Und sie tut so, als sei sie eine alte Bekannte, die eben mal vom Zigarettenholen zurückkommt und jetzt für immer bleiben will. Kaum ist sie wieder da, glaubt keiner, daß sie für längere Zeit gefehlt hat. Die Liebe ist ein Spaßvogel, immer gut drauf und witzig. Kichernd radiert sie die dunklen Tage einfach aus, an denen man sehnsüchtig auf sie hatte warten müssen. Nicht mal in der Erinnerung bleibt was zurück.

Traumfrau trifft Traummann. Traummann trifft Traumfrau. Mit einer Überdosis Liebe wird jede Frau zur Traumfrau und jeder Mann zum Traummann.

Es war etwas passiert, womit keiner mehr rechnen konnte: Frau Schneckenburger, die freche Hundertjährige, die Eva so gern fotografiert hatte, hatte beschlossen, sich von

149

dieser Welt zu verabschieden – um ihre Familie noch mal ordentlich zu ärgern. So kam's heraus, was sie nur ihrem Notar anvertraut hatte. Die Affen, die Alleinerben. Bei der Testamentseröffnung heulten ihre Kinder mehr als bei der Beerdigung. Keiner bekommt was. Nur fünf Affen konnten sich freuen, Frau Schneckenburgers Lieblingsaffen im Zoo. Der Pressesprecher des Zoos ahnte einen tollen Werbegag und informierte die Zeitungen über das ungewöhnliche Erbe. Fünf Affen hatten 100 000 Mark und eine Sammlung mit alten Schellackplatten geerbt. Der nikotinsüchtige Grauschopf schickte Eva in den Zoo, um dort die Affen mit den Schellackplatten zu fotografieren.

Als Eva kam, war von dem Affenkäfig kaum was zu sehen. Unzählige Nasen wurden an der Scheibe plattgedrückt.

»Papi, was machen die Affen da?« fragte ein kleiner Junge, den der Vati schnell nach hinten schob.

»Das ist nichts für dich«, sagte der Vater, um schnell wieder selbst in den Käfig zu schauen.

Eva kämpfte sich durch die neugierige Menge. In dem Käfig hatten eine Affendame und ein Affenkavalier vergessen, daß Hunderte von Augen auf sie gerichtet waren. Peep-Show im Zoo, einfach tierisch. Die beiden Affen taten das, was Menschen wiederum nicht so gern öffentlich tun, sondern eher verschämt unter der heimischen Bettdecke. Ihre Zuckungen sahen aber genauso aus. Die Affendame lag unten, der Affenkavalier oben. Hopp, hopp, hopp. Plötzlich aber hatte die Affendame genug, sie griff nach einem Tau, das von der Decke hing. Und – wumms! – schon knallte sie das harte Ende auf den Affenkopf ihres Lovers. Schluß jetzt, zieh Leine!

Die Menschen klatschten, das heißt, nur die Frauen, die das auch manchmal gerne unter ihrer Bettdecke tun würden.

Eva mußte herzhaft lachen – wie auch ein riesiger Kerl mit witziger Igelfrisur wenige Meter weiter.

Es war niemand anderes als Boris, der von nun an Affen liebte. Eigentlich wollte er ja im Zoo eine neue Chiffre-Nummer treffen. Treffpunkt Löwenkäfig. Doch ausnahmsweise war er mal früher gekommen, weshalb er noch Zeit hatte, sich die Affen anzuschauen.

Noch besser als die Affen gefiel ihm eine Frau, die wie wild fotografierte. Rote Haare, toll! Und diese Figur! Boris rätselte, wie er sie ansprechen könnte. Bei Frauen, die was in ihm auslösen, fällt ihm das schwer. Mutig war Boris immer nur bei solchen, denen er sich absolut überlegen fühlte. Aber wenn dann so eine Traumfrau vor ihm stand, trat irgendwas in seinem Kopf immer auf die Bremse. So starrte er sie nur mit großen Augen an, was Eva nicht entging, als sie gerade mal eine Pause vom Fotografieren machte. Sieht ja süß aus, dieser hochgewachsene Kerl. Witzige Frisur, niedlicher Bubenblick. Eva sah sich diesen Mann durchs Teleobjektiv ihrer Kamera genauer an. Und schon fotografierte sie nur noch ihn.

Klick, klick, klick.

Was macht die nur? Boris wußte gar nicht, wie er schauen sollte. Bestimmt verkrampfte sich sein Gesicht. Das geschah immer, wenn er in einen Fotoapparat sah. Und dann noch in die Kamera einer solchen Frau!

Klick, klick, klick.

Boris kämpfte mit sich, um die angezogene Kopfbremse zu lösen. Jetzt oder nie! Mutig ging er auf die rothaarige Fotografin zu.

»Bin ich auch ein Affe, oder warum fotografierst du mich ständig?«

»Meine Kamera liebt schöne Männer!«

»Nur deine Kamera?«

»Sie hat denselben Geschmack wie ich.«

Toll, eine rothaarige Frau, dachte Boris, der bekanntlich Rot liebte.

Toll, ein großer Kerl, dachte Eva, die bekanntlich Männer liebte, die kaum in ihr Futonbett paßten.

Boris wurde noch mutiger.

»Darf ich mit in die Dunkelkammer, wenn du die Bilder entwickelst?« fragte Boris in unschuldigstem, engelreinem Ton und lachte, ohne an die umwerfende Wirkung seines Lachens zu denken.

»Später, aber jetzt gehen wir erst einmal Kaffee trinken!« antwortete Eva, die an überhaupt nichts mehr dachte. Nicht an Silberlocke, der sie schon tobend in der Redaktion erwartete.

Und Boris dachte nicht an seine Chiffre-Nummer, die vor dem Löwenkäfig ständig auf die Uhr schaute. Boris warf das Stadtmagazin, das Erkennungszeichen, in den nächstbesten Mülleimer. Denn endlich wußte Boris, wen er wachküssen wollte.

Auf dem Schlachtfeld der großen Gefühle ist der Kampf beendet. Jetzt geht die Friedenspfeife rum und berauscht doller als jeder Joint.

Denn die Liebe hört niemals auf, wo doch das prophetische Reden aufhören wird, und das Zungenreden aufhören wird und die Erkenntnis aufhören wird. Das Bibelzitat von Boris war nur der Auftakt. Bei jedem Treffen steckten sich die beiden nun abwechselnd Zettel zu, auf denen was Schlaues zur Liebe stand. Eva wollte keine Sprüche übernehmen, sie schrieb selber welche. Schließlich war sie Journalistin. Boris sollte wissen, wie gut sie formulieren konnte. Was im Grunde gar nicht nötig war. Denn Boris war schrecklich verliebt. Selbst den größten Blödsinn, den ihre Schreibmaschine hergab, hätte er toll gefunden.

»Die Liebe ist eine Krone und ein Kreuz. Erst besteigst du mit ihr den Thron, doch dann kreuzigt sie dich.« Schade, Eva war noch nicht ganz blind vor Liebe. Schon wieder rechnete sie mit dem Schlimmsten. Schließlich war Boris ja auch nur ein Mann. Und Männer sind gefährlich, Eva hatte bisher nur diese Sorte kennengelernt, bei ihrem ersten, ihrem Vater angefangen.

Es dauerte, bis Boris ihr die Skepsis nahm. Mit jedem

Zettel murkste er ein kleines bißchen von dieser Skepsis ab.

»Liebe besteht nicht darin, in den anderen hineinzustarren, sondern darin, gemeinsam nach vorn zu blicken.«

»Ist das auch aus der Bibel?« wollte Eva wissen.

»Das ist aus einer ganz besonderen Bibel, die Antoine de Saint-Exupéry geschrieben hat. Du weißt ja, nur mit dem Herzen sieht man gut.«

»Das Leben ist ein Genuß, doch der größte Genuß bist du!« Jetzt war Eva wieder dran mit einem Zettel.

»Ich möchte mit dir das machen, was der Frühling mit den Pflanzen macht. Und Blüten platzen auf, der süße Duft betört, die Farbenpracht berauscht!«

Eva mußte ihre Seele nicht mehr in einen Wintermantel packen. Der süße Duft der Liebe vertreibt die innere Kälte.

Wir brauchen uns jetzt gar keine große Mühe geben, mit schönen Worten diese Liebe zu erklären. Eine Liebe läßt sich nicht erklären. Dafür gibt es keine Worte. Wer beobachtet, wie sich verliebte Menschen anschauen, weiß alles. Diese Blicke dringen tief ein. Jedes Lächeln versetzt Berge aus Brausepulver, die im Bauch kitzeln wie eine ganze Ameisenarmee.

Zwei Liebende schwirren wie ein Schmetterling über alle Sorgen hinweg. Ein vergnügter Tanz in der Sonne, die beide durchflutet und übermütig macht.

Also doch, den Traummann gibt's. Eva hatte keinen Zweifel. Aus Boris wurde tatsächlich so was wie ein Traummann, weil ihm die Liebe von Eva Flügel verlieh. Er wußte bisher gar nicht, wie nett er sein konnte. Bei so einem gerät man ja am hellichten Tag ins Träumen.

Auch Eva kannte sich nicht wieder. Sie wußte gar nicht, daß sie sich bei Männern ganz normal verhalten konnte, nicht so ängstlich und unsicher. Was Liebe halt nicht alles bewirkt! Am Ende wird man dabei womöglich zur Traumfrau.

Die Liebe ist am schönsten, wenn sie noch in den Startlöchern steckt. Auf den ersten Metern nimmt man problemlos jede Hürde, erst später geht vielleicht die Puste aus.

Viel Glück, Eva und Boris. Auf die Plätze, fertig los. Der Hürdenlauf kann beginnen.

Unterhaltsame Literatur

Eine Auswahl

Jerry Ellis
Der Pfad
der Cherokee
Eine Wanderung
in Amerika
Band 11433

Sabine Endruschat
Wie ein Schrei
in der Stille
Roman. Band 11432

Annie Ernaux
Eine vollkommene
Leidenschaft
Roman. Band 11523

Audrey
Erskine-Lindop
An die Laterne!
Roman
Band 10491

Der Teufel
spielt mit
Thriller
Band 8378

Catherine Gaskin
Denn das Leben
ist Liebe
Roman. Band 2513

Das grünäugige
Mädchen
Roman. Band 1957

Wie Sand am Meer
Roman. Band 2435

Martha Gellhorn
Liana
Roman
Band 11183

Brad Gooch
Lockvogel
Storys
Band 11184

Brad Gooch
Mailand –
Manhatten
Roman
Band 8359

Constance Heaven
Kaiser, König,
Edelmann
Roman
Band 8297

Königin mit
Liebhaber
Roman
Band 8296

Sue Henry
Wettlauf durch
die weiße Hölle
Roman
Band 11338

Fischer Taschenbuch Verlag

fi 1220 / 7 c

Unterhaltsame Literatur

Eine Auswahl

Richard Hey
Ein unvoll-
kommener
Liebhaber
Roman
Band 10878

James Hilton
Der verlorene
Horizont
Ein utopisches
Abenteuer irgendwo
in Tibet
Roman
Band 10916

Victoria Holt
Im Schatten
des Luchses
Roman
Band 2423

Victoria Holt
Königsthron und
Guillotine
Das Schicksal der
Marie Antoinette
Roman
Band 8221

Treibsand
Roman
Band 1671

Barry Hughart
Die Brücke
der Vögel
Roman
Band 8347

Die Insel
der Mandarine
Roman
Band 11280

Meister Li und der
Stein des Himmels
Roman
Band 8380

Rachel Ingalls
Mrs. Calibans
Geheimnis
Roman
Band 10877

Gary Jennings
Der Azteke
Roman. Band 8089

Marco Polo
Der Besessene
Bd. I: **Von Venedig**
zum Dach der Welt
Band 8201
Bd. II: **Im Lande des**
Kubilai Khan
Band 8202

Der Prinzipal
Roman
Band 10391

James Jones
Verdammt in
alle Ewigkeit
Roman. Band 1124

Fischer Taschenbuch Verlag

Unterhaltsame Literatur

Eine Auswahl

Erica Jong
Fanny
Roman. Band 8045

Der letzte Blues
Roman. Band 10905

M. M. Kaye
Insel im Sturm
Roman. Band 8032
Die gewöhnliche
Prinzessin
Roman. Band 8351
Schatten über
dem Mond
Roman. Band 8149

Sergio Lambiase
O sole mio
Memoiren eines
Fremdenführers
Band 11384

Marie-Gisèle
Landes-Fuss
Ein häßlicher
roter Backsteinbau
in Venice,
Kalifornien
Roman. Band 10195

Werner Lansburgh
»Dear Doosie«
Eine Liebesgeschichte
in Briefen. Band 2428
Wiedersehen mit
Doosie
Meet your lover to
brush up your English
Band 8033

Doris Lerche
Keiner
versteht mich!
Psycho-horror-picture-
show III. Band 8240

Die wahren Märchen
der Brüder Grimm
Heinz Rölleke (Hg.)
Band 2885

Märchen und
Geschichten aus der
Welt der Mütter
Sigrid Früh (Hg.)
Band 2882

Märchen und
Geschichten zur
Weihnachtszeit
Erich Ackermann (Hg.)
Band 2874

Antonine Maillet
Bären leben
gefährlich
Roman. Band 11185

Pat Mallet
Gelegenheit
macht Liebe
Das scharfe Buch
der kleinen grünen
Männchen
Cartoons. Band 8337

Der große
Pat Mallet
Band 8017

Fischer Taschenbuch Verlag

fi 1220 / 4 e

Unterhaltsame Literatur

Eine Auswahl

Michael Mamitza

Fatum
Roman. Band 11264

Kismet
Roman
Eine türkisch-deutsche
Liebesgeschichte
Band 11053

Manfred Maurer
Furor
Roman. Band 11290

Detlev Meyer

Im Dampfbad greift
nach mir ein Engel
Biographie der
Bestürzung I. Band
Band 8261

David steigt
aufs Riesenrad
Biographie der
Bestürzung II. Band
Band 8306

Jon Michelet
In letzter Sekunde
Thriller. Band 8374

Werner
Möllenkamp
Hackers Traum
Ein Computerroman
Band 8720

Hubert Monteilhet
Darwins Insel
Ein fabelhafter Roman
vom Ursprung der Arten
Band 8718

Timeri N. Murari
Ein Tempel
unserer Liebe
Der Tadsch-Mahal-
Roman. Band 8303

Leonie Ossowski
Die große Flatter
Roman. Band 2474

Petr Pavlik
Dar –
der Hund
aus Sibirien
Roman. Band 11182
(in Vorbereitung)

Alfred Probst
Amideutsch
Ein kritisch-polemisches
Wörterbuch der anglo-
deutschen Sprache
Band 7534

Micky Remann
Der Globaltrottel
Who is who in Katmandu
und andere Berichte aus
dem Überall
Band 7615

Erik Rosenthal
Der Algorithmus
des Todes
Ein mathematischer
Kriminalroman
Band 8714

Fischer Taschenbuch Verlag

Unterhaltsame Literatur

Eine Auswahl

Viola Schatten
Dienstag war die
Nacht zu kurz
Kriminalroman
Band 10681

Bernd Schreiber
Good Bye, Macho
Roman. Band 7613

Gerhard Seyfried
Freakadellen
und Bulletten
Cartoons
Band 8360

Julie Smith
Huckleberry
kehrt zurück
Kriminalroman
Band 10264

Joy Smith Aiken
Solos Reisen
Roman
Band 11127

Albert Spaggiari
Die Kloaken
zum Paradies
»Der Coup von Nizza«
Roman. Band 8363

Clifford Stoll
Kuckucksei
Die Jagd auf die
deutschen Hacker,
die das Pentagon
knackten
Band 10277

Dorothy Sucher
Nobelpreisträger
morden nicht
Ein physikalischer
Kriminalroman
Band 10223

Hanne Marie
Svendsen
Die Goldkugel
Roman
Band 11058

Paul Theroux
Das chinesische
Abenteuer
Reise durch das
Reich der Mitte
Band 10598
Dschungelliebe
Roman. Band 8361
Moskito-Küste
Roman. Band 8344
Orlando oder
Die Liebe zur
Fotografie
Roman. Band 8371
O-Zone
Roman. Band 8346
Saint Jack
Roman. Band 8345
Dr. Slaughter
Roman. Band 8372

Christian
Trautmann
Die Melancholie
der Kleinstädte
Roman. Band 7611

Fischer Taschenbuch Verlag

fi 1220 / 4 g